«ВКУСНАЯ» книга
от звезды
иронического
детектива!

Представляем всем поклонникам творчества

Дарьи Донцовой

уникальное подарочное издание:

«Кулинарная книга лентяйки»

Дорогие читатели!

Не удивляйтесь, что я, Дарья Донцова, вместо детектива написала кулинарную книгу. Я давно собирала рецепты, а так как мне жаль времени на готовку, то в основном, это оказались рецепты, не требующие больших усилий и времени от хозяйки. За исключением, может быть, пары-тройки необычных блюд типа «Паэльи». Но это так вкусно, что вы нисколько не пожалеете о потерянном времени. Итак, в этой моей книге не будет трупов, но будет гусь, фаршированный яблоками, экзотические соусы и многое, многое другое.

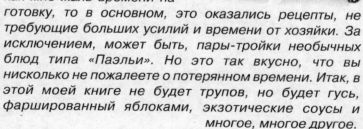

Приятного аппетита!

В продаже с декабря

Дарья ДОНЦОВА

Записки безумной оптимистки

Москва
Эксмо
2005

АВТОБИОГРАФИЯ

УДК 882
ББК 84(2Рос-Рус)6-4
Д 67

Оформление художника *В. Щербакова*

Донцова Д. А.

Д 67   Записки безумной оптимистки: Автобиография. — М.:
Изд-во Эксмо, 2005. — 320 с., илл.

ISBN 5-699-11473-4

Прочитав огромное количество печатных изданий, я, Дарья Донцова, узнала о себе много интересного. Например, что я была замужем десять раз, что у меня искусственная нога, то ли левая, то ли правая, что в ванной в моем доме живут два крокодила... Но более всего возмутило сообщение, будто меня и в природе-то нет, просто несколько предприимчивых граждан пишут иронические детективы под именем «Дарья Донцова». Так вот, дорогие мои читатели, чаша моего терпения лопнула, и я решила написать о себе сама. В этой книге я нисколько не кривила душой и рассказала о себе правду. О чем-то я, конечно, умолчала. Но согласитесь, ведь должна быть у женщины хоть какая-то тайна, которую я, быть может, раскрою в своей следующей книге...

УДК 882
ББК 84(2Рос-Рус)6-4

ISBN 5-699-11473-4   © ООО «Издательство «Эксмо», 2005

Следует помнить, что на свете есть много людей лучше тебя. Когда осознаешь это, становится светлей.

И. Бродский

Я побаиваюсь журналистов. По-моему, они отдают интервью в печать до того, как встретятся с «объектом». Сами задают вопросы и сами на них отвечают. Оно бы и ничего, только, к сожалению, ответы всегда получаются разными.

За последние полгода я, проигнорировав совет профессора Преображенского[1], перед тем как заснуть, листала самые разные издания и почти во всех натыкалась на информацию о госпоже Донцовой. Милые мои, я увидела столько нового и интересного! Ну, хотя бы количество моих бывших мужей. Их цифра колебалась от двух до двенадцати. Честно говоря, узнав о том, что мне удалось соблазнить, а потом дотащить до дверей загса целую дюжину парней, я страшно обрадовалась. Согласитесь, это трудно проделать даже с одним мужиком, а тут больше десятка! Намного меньше понравилось сообщение о наличии у меня протеза на ноге. Причем одни журналисты утверждали, что у Донцовой левая нижняя конечность железная, а другие — будто правая.

---

[1] Профессор Преображенский — один из главных героев книги М. Булгакова «Собачье сердце», который настоятельно рекомендовал не читать газет на ночь.

После этой заметки я, страшно обиженная, подошла к зеркалу и стала изучать свои ноги. Да, согласна, они совсем не идеальны по форме, вверху имеются «уши», а ниже колен ножонки слегка тощеваты. Вот если бы сверху отрезать, а к низу приставить. Ладно, это детали, но разве мои ноги похожи на протезы? Потом целую неделю я приставала к мужу, детям и подругам, тупо задавая им один вопрос:

— Ну скажи, мои ноги похожи на деревянные?

В конце концов Зайка, которую я довела почти до обморока, обозлилась и рявкнула:

— О господи, нет, конечно! Искусственные выглядят безупречно! О твоих такого сказать нельзя. И потом, ты же косолапая.

Что правда, то правда. У моих туфель всегда стаптывается внутренняя сторона подошвы. Медики, глядя на такую походку, говорят красивые слова — «вальгусная постановка стопы», но на самом деле это просто косолапость. И уж тут ничего не поделаешь, такой я родилась.

Слегка успокоившись, я легла спать. Ну не наплевать ли на газеты? Из мирных сновидений меня вырвал телефонный звонок. Я глянула на часы: пять утра, слегка удивилась и схватила трубку.

— Алло.

— Маша, — прорыдал в ухо голос председателя моего фан-клуба, — Машенька, когда похороны мамы?

Честно говоря, я на секунду растерялась. Нет, не оттого, что меня назвали Машей. У меня голос подростка, и частенько, снимая трубку, я слышу фразу: «Деточка, позови папу!» Но при чем тут похороны? Может, Андрей заболел? Тихонько кашлянув, я сказала:

— Это Даша. Дату похорон я пока назвать не могу, ну думаю... э... год этак, 2058-й... 59-й... 60-й... Ну не знаю!

— Ты жива! — завопил Андрей.

— В общем и целом да, — осторожно ответила я.

Из трубки понеслось吊吊 бульканье, кваканье, всхлипывания... С большим трудом я поняла, в чем дело. Вчера вечером Андрей купил газету и прочитал в ней сообщение о том, что писательница Дарья Донцова скончалась в онкологическом центре на Каширском шоссе после очередной операции.

Кое-как успокоив председателя фан-клуба, я решила выпить кофе, но не тут-то было! Все телефоны словно сошли с ума. Передо мной на столике подпрыгивали мобильники. Я поочередно хватала трубки, походя сделав неприятное открытие: все номера сотовых телефонов, даже абсолютно секретный, предназначенный лишь для мамы, свекрови, мужа и детей, известны журналистам. Домашний стационарный аппарат не выдержал нагрузки и к обеду сломался. Те, кто не сумел дозвониться до меня, атаковали детей и мужа.

Потом прибежала испуганная лифтерша.

— Даша, спустись во двор.

Я выскочила на улицу и увидела кучи букетов и массу свечей. Ладно, в конце концов, последние в хозяйстве пригодятся. Вот уеду в деревню на лето, там нам отключат электричество, и я сожгу все свечки. Но что делать с этим морем цветов? Раздать соседям? И ведь никто не догадался принести любимой писательнице коробочку шоколадных конфет на поминки! Сейчас бы я попила с ними кофе!

Начавшись ужасно, день кончился как фарс. К девяти вечера, к началу прямого эфира на радио, я настолько устала повторять: «Нет, я не умерла, жива!» — что, когда включили микрофон, сообщила:

— Добрый вечер, дорогие радиослушатели, у микрофона труп Дарьи Донцовой!

Режиссер на пульте погрозила мне кулаком, и тут взбесились все телефоны, стоявшие перед ней. Пришлось звать на помощь двух редакторов. Я сделала еще одно открытие: оказывается, люди отлично знают не только те номера, которые сообщаются в эфир, но и те, что предназначены сугубо для внутреннего пользования. Я сама все не помню!

После эфира, около полуночи, мы с моим шофером отправились в «Седьмой континент» за продуктами. При виде меня кассирши вскочили и ринулись вперед с воплем:

— Даша!

Водитель быстро встал передо мной и сурово заявил:

— А ну быстро вернулись за кассы, не трогайте Дашу, она еле на ногах стоит!

Девушки притормозили, потом одна, самая бойкая, воскликнула:

— Ой, Дашенька! А мы так плакали, когда узнали, что вы повесились!

От неожиданности я села на коробку, в которой лежали упаковки с яйцами, и, раздавив почти все, пролепетала:

— Повесилась?

Тут же мне подсунули газету, глаза побежали по строчкам: «...и тогда, почувствовав, что ей после операции не выжить, Дарья решила покончить с собой».

Заплатив за раздавленные яйца, я уехала домой. В машине мы мрачно молчали, но, добравшись до подъезда, шофер не выдержал и заявил:

— Ерунда, не обращайте внимания! Зато теперь вы знаете, как вас люди любят!

Я кивнула, поднялась домой, доплелась до кухни и увидела на столике с десяток блинчиков с мясом, нежных, ароматных, «кружевных». Тут же мой несчастный желудок вспомнил, что за весь день ему досталось лишь две чашечки кофе. Я схватила верхний блин и, постанывая от восторга, стала его заглатывать. В этот момент на кухню, зевая, выползла Маша.

— Кто же испек эти восхитительные блинчики? — с набитым ртом поинтересовалась я.

— Наташка, — ответила Маня, — она их из дома привезла.

Я удивилась:

— Но ведь Наташа приходит убирать квартиру по пятницам, а сегодня среда!

Маня чихнула и пояснила:

— Она на поминки их приготовила, ну а потом, когда выяснила, что ты жива, навертела мяса и внутрь запихнула. Не пропадать же добру!

Едва не подавившись, я села на табуретку. Хорошо хоть Наташка кутью не сгоношила. Сами понимаете, что после этого на всякие мелочи обращать внимание мне уже не хотелось. Ну муссируется слух, что за Донцову пишет бригада, ну сообщили, что у меня семнадцать собак, ну эмигрировала я в Париж, ну взял мой муж себе фамилию Донцов, чтобы примазаться к славе жены, а живу я с эстрадным певцом Витасом, которого только по этой причине взяли на одну из главных ролей в телесериале, ну купила я себе шубу за триста тысяч долларов... Нет, круче моей смерти ничего не придумать!

Милые мои, оказалось, что я наивная маргаритка! Потому что я, в очередной раз схватив газеты, увидела восхитительную заметку: «Мы совершенно точно знаем, что писательницы Дарьи Донцовой в природе не существует. Все эти ужасные детективы пишет толстый, старый, лысый дядька, а на оборотной стороне книги помещены фотографии разных женщин. На первых она брюнетка с худым лицом и длинным носом, потом произошла трансформация в тетку с рыжими волосами, а теперь перед нами блондиночка с аппетитными щечками...»

Газета выпала у меня из рук. Ну да, все на первый взгляд верно, я про фото. Когда «ЭКСМО» решило печатать «Крутые наследнички» и «За всеми зайцами», я как раз проходила курс химиотерапии, а одно из последствий этого лечения — алопеция, или, если по-простому, облысение. Ну согласитесь, дать на обложку свой снимок с голым черепом как-то эпатажно, поэтому я предстала перед фотографом в парике. Блондинистого я не нашла, пришлось купить тот, что подошел.

Что же касается носа... Да я просто в тот момент весила сорок два килограмма и напоминала мумию. Вот на моем лице и остался один нос. Потом был не слишком удачный эксперимент с отросшими волосами. Я вообще-то натуральная блондинка с голубыми глазами, а тут черт меня попутал перекраситься. Я просила парикмахершу «добавить» немного рыжины, а она перестаралась, или краска попалась ядовитая, но в результате на моей голове встопорщился ежик, более всего напоминавший по цвету гнилые «синенькие». Потом, решив, что больше никогда не буду изменять цвет волос, я вновь стала блондинкой. Ну а щеки... Послушайте, я просто отъелась после болезни, вернула свои пятьдесят килограммов, и все тут! Хотя... Щечки! Может, худеть пора?

Уж не знаю, почему меня так задела статья! Наверное, потому, что она отрицала сам факт существования Дарьи Донцовой как физической особи? Даже те, кто написал о моей трагической смерти, не сомневались, что Дарья Донцова все же жила на этом свете.

Промучившись до утра, я решила: хватит. Сама напишу про себя правду. Так и получилась эта книга. Даю вам честное слово, тут нет ни слова лжи, я постаралась быть с вами предельно откровенной. Не скрою, что кое о каких фактах своей биографии я предпочла умолчать. Как у всех людей, в моей жизни были моменты, о которых неприятно вспоминать, и я не стану о них рассказывать. Но все-все в этой книге — чистая правда.

Я появилась на свет седьмого июня 1952 года, ровно в полдень, в Москве, в родильном доме, который носил в те времена имя Надежды Крупской. Для тех, кто забыл или не знает, поясню: Надежда Крупская была женой Владимира Ленина. Лично для меня осталось загадкой, почему имя этой неординарной женщины, отдавшей всю свою жизнь делу революции, присвоили родильному дому? У Надежды Константиновны никогда не было собственных детей.

В нашем семейном архиве сохранился маленький кусочек оранжевой клеенки. На нем «химическим» карандашом написано: «Новацкая Тамара Степановна, девочка, вес 3520, рост 51 см». Так что я была совершенно стандартным младенцем. А на клеенке, естественно, написали имя, отчество и фамилию моей мамы.

Я была поздним ребенком. Маме исполнилось тридцать пять, а папе сорок пять лет. Когда я появилась на свет, родители не состояли в браке, отец был женат на другой женщине, и по Союзу писателей в тот год ходила шутка: «У Аркадия Николаевича Васильева родилась дочь!» — «Да что вы говорите, а его жена об этом знает?»

Наверное, трудно найти более разных людей, чем мои родители, они не совпадали ни в чем. Сначала о маме.

Мой дед, Стефан Новацкий, был поляком и детство провел в Варшаве. Сейчас многие люди вспомнили о том, что их предки являлись князьями и графами. Мне тут похвастаться нечем. Прадед пил, не просыхая, с утра до ночи. Чтобы прокормить детей, мальчиков Яцека, Стефика и девочку Кристину, моя прабабушка ходила по домам стирать белье. О стиральных машинах тогда и слыхом не слыхивали. Поэтому состоятельные граждане нанимали прачек. Среди прабабушкиных клиентов был ксендз, католический священник. Как вы знаете, римская церковь строго-настрого запрещает своим служителям вступать в брак и заводить собственных детей, но вот пригреть ребенка-сироту или помочь бедному мальчику не возбраняется. Ксендзу очень понравился послушный, аккуратный Стефик, и он сначала оплатил обучение мальчика в гимназии, а потом устроил его на работу. Мой дед по тем временам стал образованным человеком, он служил метранпажем в типографии.

Ксендз заставил Стефана поклясться на иконе, что он никогда не прикоснется к рюмке. Но, как выяснилось, это была зряшная предусмотрительность. У Стефана обнаружилась такая странная особенность, как полное неприятие алкоголя. Стоило ему выпить чайную ложку слабого вина, и тут же наступал почти полный паралич. Нет, это не было опьянением, у Стефана просто останавливалось сердце и отрубалось дыхание. Пару раз он чуть не умер, потом понял: спиртное ему нельзя даже нюхать. Обычная настойка валерьянки вполне способна была отправить его на тот свет. Самое интересное, что подобную же «болезнь» сначала получила я, а потом по наследству она передалась моему старшему сыну Аркадию. Мы с Кешей всегда сидим дураками в веселой компании. Но об этом потом.

Поняв, что любимый воспитанник никогда не станет алкоголиком, ксендз успокоился, а зря. Потому как Стефан, работая в типографии, начал читать разные книги, и не только те, которые давал ему священник, и в конце концов примкнул к партии большевиков. Уж и не знаю, что хуже: лежать пьяным или играть в революцию, но братья Новацкие, и Стефан и Яцек, горели желанием построить «светлое завтра». Поэтому, покинув Варшаву, они уехали вместе с Феликсом Дзержинским делать мировую революцию.

Каким ветром Стефана занесло в 1915 году на Кавказ в местечко под названием Кисловодск, я не знаю. Но он туда приехал и встретил там девушку необыкновенной красоты, терскую казачку Афанасию Шабанову. Странное имя она получила из-за того, что ее отец Константин в свое время поругался с местным попом.

Когда Шабанов принес крестить новорожденную дочь, батюшка, припомнив скандал, уперся рогом в землю и заявил:

— Сегодня день святого Афанасия, быть девчонке Афанасией.

Я ни разу в своей жизни не встретила женщины, носившей имя Афанасия. Впрочем, я звала бабушку Фася, а Аркашка перезвал ее в Асю.

Семья Шабановых была незнатной, но богатой. Она владела землей, имела несколько домов, и Афанасия, хоть и не единственная дочь в семье, оказалась невестой с отличным приданым...

Году этак в пятьдесят девятом Фася повезла меня в Кисловодск, показать свою родину. Подведя меня к большому зданию с белыми колоннами, бабуся ткнула в него пальцем и сообщила:

— Вон там, на втором этаже, находилась моя спальня.

Я удивилась:

— Ты жила в санатории!

Бабушка улыбнулась и погладила глупую внучку по голове:

— Нет, Грушенька, дом принадлежал целиком моему отцу. А потом случилось несчастье, Октябрьская революция, и мы все потеряли.

Каким образом пламенный революционер Стефан Новацкий сумел уломать богатых Шабановых и жениться на Афанасии, я, честно говоря, не понимаю, но факт остается фактом, и в 1916 году они, уже будучи мужем и женой, приехали в Москву.

Бабушка любила мужа безмерно. Спустя много лет после его трагической смерти она рассказывала всякие истории, в которых Стефан представал самым умным, самым красивым, самым лучшим.

14 апреля 1917 года на свет появилась моя мама, названная Тамарой. Мама очень не любит, когда мы вспоминаем, что она родилась еще до большевистского переворота, но из песни слова не выкинешь. Когда крейсер «Аврора» выстрелил в сторону Зимнего дворца, Томочке исполнилось полгода.

Стефан очень быстро сделал карьеру сначала в рядах ЧК, а потом НКВД. Феликс Дзержинский доверял полякам и окружил себя своими земляками.

Жили Новацкие на Тверской, в огромной квартире, окна которой выходили на Центральный телеграф. Кто только не приходил в гости к Новацким! У бабушки сохранился фотоальбом, я очень любила его перелистывать, наблюдая за тем, как росла моя мама. Но вот что удивляло: одни лица на снимках были вырезаны, другие густо замазаны чернилами. Фотографии выглядели более чем странно: сидит военный, головы у него нет, рядом улыбается моя мама.

— Бабушка, — спросила я, — это кто?

Афанасия зачем-то накрыла телефон подушкой и сказала:

— Троцкий, только лучше забыть тебе эту фамилию.

Детская память причудлива, не сделай Фася этого замечания, я бы мигом выбросила из головы услышанное. Троцкий так Троцкий, кто он такой, я в шестидесятом году, естественно, не знала. Но из-за того, что ее велели забыть, запомнила.

— Вон тот Бухарин, — шепотом сообщила бабушка, указывая пальцем на другого «безголового», — царствие им небесное, хорошие были люди!

— Почему ты их замазала? — поинтересовалась я.

Бабушка замялась, а потом решительно ответила:

— Давай объясню все лет через шесть, а?

Но меня терзало любопытство, и я воскликнула:

— Но усатый же дяденька с лицом!

Бабуля вздохнула:

— Семен Михайлович Буденный! Его никогда не арестовывали.

Есть у меня еще одно очень яркое воспоминание детства. Мы с бабусей, а я постоянно ходила за ней хвостиком, приехали в какое-то просторное здание и сели в приемной, возле красивой, обитой кожей двери. Вдруг она распахивается, на пороге появляются две женщины с заплаканными лицами. Одна держит в руках деньги. Они выходят в приемную, и тут разыгрывается сцена, поразившая мою детскую душу. Первая женщина рушится около меня на стул и начинает рыдать, изредка выкрикивая:

— Суки, ах, какие суки!

А вторая лихорадочно рвет купюры, бормоча:

— Иудины сребреники, не надо, не надо...

Поднялась дикая суматоха. Набежали врачи, женщин стали успокаивать, запахло лекарствами. Я наблюдала за происходящим, разинув рот. Люди топтали обрывки ассигнаций, усыпавшие красную ковровую дорожку, никто не нагнулся, чтобы поднять целые купюры.

Завороженная зрелищем, я не заметила, как бабушка исчезла за красивой кожаной дверью, очнулась я только после того, как она, вернувшись, взяла меня за плечо:

— Пошли.

В руках у бабушки тоже были разноцветные купюры. Мы очутились на шумной улочке. Внезапно Фася остановилась, лицо ее было растерянным. Я терпеливо ждала, когда мы пойдем в кондитерскую. Каждый раз, получая пенсию, бабушка вела меня в Столешников переулок, и мы возвращались домой с коробочкой восхитительных пирожных: эклеров с заварным кремом, корзиночек, украшенных грибочками, безе, буше...

Но в этот раз бабушка отчего-то медлила.

— Фася, — потянула я ее за руку, — ну не стой!

Бабушка глянула по сторонам и вдруг выхватила из толпы мальчишку лет двенадцати.

— Вы чего, тетенька?! — заныл он.

— У тебя отец есть? — спросила Фася.

Мальчик нахмурился:

— Нет, и не надо, сами с мамкой проживем.

Бабушка сунула ему в карман деньги, которые до сих пор держала в руке:

— Возьми, отдай матери!

— От кого? — растерялся подросток.

Фася потащила меня к метро. Мальчик догнал нас у самого входа.

— Тетенька, так от кого деньги?

— От Стефана Новацкого, пусть тебе купят новую одежду и книги.

В вагоне я прижалась к Фасе и сказала:

— Вот какие странные люди встречаются, надо же, деньги порвать!

Бабушка, ничего не говоря, обняла меня.

— А зачем ты мальчику деньги отдала? — тараторила я. — Мы пирожные купим?

Фася вздохнула:

— Конечно, ты какие хочешь?

Лишь много лет спустя я узнала, что странные женщины были родственницами Тухачевского[1], а деньги — компенсацией, которую стали выплачивать семьям реабилитированных людей.

Стефан Новацкий был умным человеком и, работая в системе НКВД, очевидно, понимал, что жизни ему не будет. Я не знаю, что творилось в душе у деда, когда он сообразил, что вместо светлого будущего, о котором братья Новацкие мечтали с другими идеалистами, они построили лагеря и тюрьмы, но одно он понимал точно: рано или поздно ему идти вслед за всеми.

В первый раз братьев Новацких посадили за решетку в 1922 году по обвинению в контрреволюционной деятельности. Бабушка тогда была беременной на восьмом месяце. От потрясения она родила раньше срока мальчиков-близнецов, которые, не прожив и суток, скончались. Впрочем, Стефана выпустили довольно скоро, потому что

---

[1]М.Н. Тухачевский (1893—1937) — маршал, необоснованно репрессирован и расстрелян, реабилитирован посмертно.

бабушка ухитрилась прорваться к другу деда, Феликсу Дзержинскому. Она несколько раз рассказывала мне эту историю, повторяя:

— Дзержинский был плохой человек, представляешь, я его знала как облупленного, а он обратился ко мне в своем кабинете на «вы», да еще заявил: «Ваш муж изменил идеалам революции».

Но бабушка, во-первых, обожала мужа, а во-вторых, была терской казачкой с примесью грузинской крови. Она вскипела, скинула со стола Феликса Эдмундовича какие-то бумаги, подлетела к нему, схватила его за гимнастерку и, начав трясти, прошипела:

— Значит, когда ты брал у Стефана и Яцека кусок хлеба, то не считал их предателями. Или ты настолько хотел жрать, что наплевал сам в тот момент на идеалы. Можешь и меня посадить, но знай: есть высший суд, и там мы, Новацкие, тебя встретим.

Потом, плюнув ему на сапоги, бабушка ушла, абсолютно уверенная в том, что ей не дадут выйти из здания ЧК. Но получилось иначе. До самой своей смерти Феликс Дзержинский упорно делал вид, что никакого скандала между ним и Афанасией не произошло. Стефан благополучно вернулся к жене, а вот Яцек больше не увидел свободы, он умер в камере, покончил жизнь самоубийством в одиночке. Когда Яцек узнал, что его ближайший друг Дзержинский подписал приказ об его аресте, он сначала заплакал, а потом, оказавшись в камере, разбил стекло у своих очков и проглотил осколки. Яцек не мог больше жить в мире, где лучшие друзья становятся предателями.

Стефан же вышел на свободу и до 1937 года продолжал работать в органах. Потом дедушку посадили по делу Тухачевского, и бабушка его больше никогда не увидела.

Она рассказывала мне о длинных очередях, в которых стояла с передачами, о том, с каким напряжением ждала писем. Но Стефану запретили переписку, он как в воду канул. Фася не знала, что с мужем. Ее с дочерью выселили из квартиры на Тверской в барак на Скаковой улице, в маленькую, десятиметровую комнатку с земляным полом. Но бабушка была счастлива: по непонятной причине машина сталинских репрессий дала сбой, и семью Новацкого не отправили в лагерь. Про бабушку и мою маму отчего-то забыли, случались иногда подобные казусы. Впрочем, Афанасия немало способствовала тому, чтобы ее не замечали. Она мгновенно оборвала все связи со знакомыми, стала работать кассиром и никуда, кроме как на службу, не ходила. В год, когда дедушка сгинул в неизвестности, его жене не исполнилось еще и сорока лет. Афанасия обладала редкой красотой, сохранившейся до старости, на нее оглядывались на улице даже тогда, когда ей исполнилось семьдесят. В особенности поражало сочетание иссиня-черных, густых, блестящих волос и огромных ярко-голубых глаз. Женихи вились вокруг бабушки роями, но Фася отказывала всем, она до последних своих дней любила Стефана и очень мучилась от неизвестности. Но потом случилось чудо.

Году этак в 40-м ночью к ней в барак пришел мужчина самого обтрепанного вида, его лицо закрывала низко надвинутая на лоб кепка. Когда незнакомец постучал в дверь, было совсем поздно, и бабушка предусмотрительно спросила:

— Кто там?

— Открой, Афаня, — тихо произнес пришелец.

Бабуся вздрогнула. Афаней ее звал Стефан. Дрожащими руками она сняла цепочку и подавила разочарованный вздох. Стефан был высокого роста, худощавый, а в коридор сейчас вошел низкий, кряжистый мужчина. Когда он снял кепку, бабушка чуть не упала. Перед ней стоял один из ближайших друзей Стефана, генерал Горбатов.

— Ты зачем пришел? — прошептала Фася. — С ума сошел! Быстро уходи, пока никто не увидел.

Но Горбатов втолкнул бабушку в комнату и сказал:

— Ничего, я переодетый, да и не следит за мной никто. Машина стоит у работы, шофер считает, что хозяин в кабинете, слушай меня внимательно.

Фася села на кровать, а Горбатов стал рассказывать. Он целый месяц ездил по лагерям с инспекцией, проверял местное начальство. В конце концов его занесло под город Благовещенск. Там начальник лагеря повел гостей из Москвы полюбоваться на цех, где заключенные делали ножницы.

Первым, кого Горбатов увидел, войдя в заводское помещение, был Стефан. Секунду друзья смотрели друг на друга, но что они могли сделать?

Оба великолепно понимали: в подобной ситуации им остается только мысленно обняться. Горбатов прошелся по цеху, уже уходя, он подошел к Стефану, вырвал у него из рук готовые ножницы и сказал начальнику:

— Чего они у тебя такой кривой инструмент делают?

— Так безрукие все, — принялся оправдываться энкавэдэшник, — учу, учу, и все без толку.

Горбатов хмыкнул и, сунув ножницы в карман, ушел. Он привез сделанный Стефаном инструмент в Москву и отдал его Афанасии. Поступок по тем страшным, темным временам просто героический. Ножницы эти, и впрямь чуть кривоватые, живут в нашей семье и сегодня, их хранит мама.

Есть еще одно, последнее мое воспоминание, связанное с дедушкой Стефаном. Как-то раз мы с бабушкой пошли в Большой театр. Афанасия отчего-то не повела меня в буфет пить ситро, а потащила сквозь фойе и коридоры в какое-то помещение, не служебное, открытое для зрителей, но совершенно безлюдное, пустынное и гулкое. В углу стояло огромное зеркало в резной раме.

— Грушенька, — сказала бабуся, — ты худенькая, ну-ка залезь за зеркало и прочти, что там написано на оборотной стороне.

Я, слегка удивленная странной просьбой, выполнила приказ, увидела неровные буквы — «Стефан и Афанасия Новацкие, 1927 год».

— Это что, бабуля? — удивилась я.

— Зеркало стояло в квартире у нас с дедушкой, — тихо пояснила бабушка, — а потом, после ареста Стефана, всю мебель реквизировали, вот оно сюда и попало.

Самое интересное, что зеркало находится в Большом театре и по сей день. Уже в восьмидесятые годы, будучи взрослой женщиной, я, придя на балет, не пошла в зрительный зал, а отправилась на поиски того холла и нашла его! Кое-как протиснулась за зеркало в угол и снова увидела надпись: «Стефан и Афанасия Новацкие, 1927 год». Слезы полились из глаз: ни дедушки, ни бабушки нет в живых, а посеребренное стекло, в котором когда-то отражались их молодые счастливые лица, даже не помутнело от времени.

О родителях отца мне известно намного меньше. Практически не сохранилось никаких фотографий, оба они не дожили до моего рождения, и я с ними знакома не была. Дед, Николай Васильев, работал на ткацкой фабрике в городе Шуя, а бабушка Агриппина, в честь которой мне дали имя, служила поденщицей, мыла полы. Жили очень бедно, практически впроголодь, не хватало всего: еды, одежды, постельного белья. Представьте теперь негодование Агриппины, когда она видела, как Николай, залив в лампу дорогой керосин, вынимает купленный в лавке карандаш, открывает тетрадь и начинает писать. Дед вел дневник, причем делал это с простотой степного акына, по принципу: что вижу, о том и пишу. «Вот идет Ванька, он купил хлеба, а там орет Анфиса, козу потеряла». Дед мог часами водить карандашом по бумаге. Агриппина ругалась нещадно: керосин, тетради — все дорого, в доме нет самого необходимого, а глупый муж переводит деньги на ерунду. Николай, если супруга доводила его до точки, мирно говорил:

— Граня, отвяжись. Ну хочется мне бумагу марать, ведь это не грех! Я не пью, не курю, тебя люблю, чего еще надо. Да пойми ты, если я не стану в тетради калякать, — заболею.

Николай, не имевший никакого образования, испытывал просто физиологическую потребность в письме. Вот и не верь после этого в генетику! Тяга к «бумагомарательству» передалась сначала моему отцу, потом мне. А теперь я вижу, как мой трехлетний внук Никита, плохо пока знающий буквы, с самым счастливым видом черкает ручкой в альбоме. И если другие дети в его возрасте рисуют, то Никитка «пишет». Так что никакой моей заслуги в том, что я стала писательницей, нет. Просто мне посчастливилось появиться на свет с нужной генетикой, только и всего.

Мой папа, Васильев Аркадий Николаевич, свои юношеские годы провел в городах Иваново и Шуя. Там он впервые женился на Галине Николаевне, и у них родилась дочь Изольда, моя сестра. Нас с Золей разделяют ровно двадцать лет, и она близкая подруга моей матери. Отец был уникальным человеком: имея за спиной три брака, он ухитрился сделать так, что все его жены дружили между собой. В детстве я задалась вопросом: кем мне приходится баба Галя? Фася — мама мамы, это понятно. Папина мать умерла, а баба Галя кто? Она родила мою сестру Золю, но мне-то кем приходится?

С этим вопросом я — кажется, уже второклассница — явилась к Галине Николаевне. Та обняла меня, прижала к своей мягкой груди и сказала:

— Грушенька, тебе здорово повезло. Иметь запасную бабушку удается далеко не каждому. Пошли скорей на кухню жарить пирожки.

Галина Николаевна слыла удивительной кулинаркой. Никогда ни у кого не ела я таких пирогов, такого холодца и такой заливной рыбы. И еще, она была мудрой, простой русской женщиной, интеллигентной от природы, ласковой и очень доброй. Я прибегала в квартиру, где жила первая жена моего отца, твердо зная: здесь приютят, всегда накормят, и если не сумеют помочь деньгами, то дадут нужный совет.

День, когда умерла Галина Николаевна, был таким же страшным, как и день смерти сначала папы, а потом бабушки. Галина Николаевна занимала большое место в моей жизни, и я до сих пор иногда мысленно разговариваю с ней.

С сестрой в детстве я не дружила. Да и о каких хороших отношениях могла идти речь? Мне десять — ей тридцать. Золя стала лучшей подругой моей матери, ко мне она всегда относилась как к дочери. Но сестра у меня все же есть, у Золи имеется дочь Катя, вот с ней нас разделяет всего год и связывает нежная дружба.

Чего мы только не творили в детстве! Открывали тюбик с зубной пастой, укладывали его на полу в длинном коридоре квартиры Ягодкиных и, хихикая, наблюдали, как Галина Николаевна, наступившая на тубу, растерянно бормочет:

— Ума не приложу, откуда эта штука тут взялась!

Мы мерили линейкой друг у друга косы, спорили из-за конфет, хватали с кровати Галины Николаевны зеленое покрывало с вышитыми на нем драконами, заворачивались в шелк и плясали в спальне, визжа от восторга. Случались и драки, но тут я всегда орала:

— Эй, Катька, ты должна меня слушаться, между прочим, я прихожусь тебе тетей!

Кстати, вспоминается одна забавная история. В свободное время нас с Катериной, как правило, отправляли на дачу в Переделкино. Классе в третьем Катюше задали сочинение на вечную тему «Как я провела зимние каникулы». Катя, девочка откровенная, написала примерно так: «Мы весело проводили время с тетей. Тетя сказала: «Давай прыгать из окна второго этажа в сугроб». И мы прыгнули. Тетя сказала: «Давай запряжем в санки собаку Дика и будем кататься». И мы это сделали. Тетя сказала: «Давай приставим к двери бабушкиной спальни швабру, Фася выйдет, а палка на нее упадет». Было очень весело». Уже не помню, какую оценку огребла Катюха, но русичка вызвала в школу Золю, показала ей опус и робко спросила:

— Вам не страшно оставлять своего маленького ребенка с явно психически ненормальной женщиной?

Бедной учительнице и в голову не могло прийти, что тетя всего на год старше племянницы.

Из-за нашей незначительной разницы в возрасте частенько случались комические ситуации. Катин сын Леня на год младше моего сына Аркаши. Как понимаете, Ленька — мой внук, правда, двоюродный. Первое, чему научили его мама с папой, были слова: «Баба Гуня пришла». Так что бабушкой я стала в двадцать один год — рекорд, достойный книги Гиннесса, — а в сорок с небольшим превратилась в прабабушку: у Лени родились дочки. Иногда я пытаюсь сообразить, кем приходится мой внук Никита внукам Катюши, и каждый раз остаюсь в недоумении.

Неловкость всегда возникала у меня и при общении с мужем Золи. Владимир Николаевич Ягодкин, профессор МГУ, экономист, известный ученый, сделал, как сказали бы сейчас, блестящую политическую карьеру, он стал одним из секретарей Московского городского комитета партии, заместителем всесильного по тем временам Виктора Васильевича Гришина. И я, честно говоря, терялась, общаясь с мужем сестры. Он очень любил меня и помогал, чем мог, но вот как его называть? Володей? Это исключалось. Нас разделяло более двадцати лет. Дядей Володей? Глупо. Владимиром Николаевичем? Полный идиотизм. Поэтому я долгие годы старалась вообще обойтись без имени и, если мне требовалось поговорить с ним по телефону, просила Золю, снимавшую трубку:

— Позови Катю.

А уж Катерине говорила:

— Что там твой папа поделывает? Он может подойти?

Кстати, в детстве меня страшно злило, что Катюня звала моего папу дедушкой. Один раз, в Переделкино, Катюша стала под окном кабинета и завопила:

— Дедушка, выгляни!

Она явно хотела что-то спросить, но я не дала ей задать вопрос. В мгновение ока запихнула Катю в сугроб и сказала:

— А ну не смей звать моего папу дедом!

Катерина человек редкой незлобивости, все конфликты в детстве она пыталась разрешить исключительно миром. Лучшая подруга Виолы Таракановой — Томочка почти полностью списана с моей Катюши. Вот и в тот раз, стряхнув с себя снег и выплюнув невесть как попавшую в рот шишку, она спросила:

— Но как же? Дедушка мне дед!

— Не знаю, — рявкнула я, — как угодно! И потом, это нечестно! У тебя есть дед, а у меня нет!

Катюша притихла, а часа через два робко предложила:

— Хочешь, зови моего папу дедушкой, мне не жаль!

Вот в этой фразе вся Катерина, такой она была в детстве, такой осталась и сейчас. Ни научное звание — Катя талантливый экономист, — ни ответственная работа, ни пост начальника совершенно ее не изменили.

Первые годы своей жизни я провела в бараке на Скаковой улице. Никаких воспоминаний об этом периоде жизни у меня не сохранилось. Отец и мама не были расписаны, у папы тогда была другая жена — Фаина Борисовна, журналистка, работавшая в газете «Правда». Как все мужчины, мой папа не любил принимать радикальные решения, а мама оказалась слишком интеллигентной, чтобы, стукнув кулаком по столу, заорать:

— А ну немедленно разводись! У нас ребенок растет.

Бабушка тоже совершенно не умела скандалить, и потом, забрав внучку из родильного дома, Фася почувствовала себя такой счастливой, что ей было все равно: стоит у дочери штамп в паспорте или нет. Главное, есть Грушенька, свет в окошке, война закончилась, карточки отменили, жизнь налаживается...

Но в феврале 1953 года бабушка получила официальное уведомление. Ей с дочерью и внучкой предписывалось через месяц, где-то в середине марта, явиться по указанному адресу. С собой разрешалось иметь одно место багажа. Сталин вспомнил о Новацкой, и было принято решение о выселении нашей семьи из Москвы. Месяц давался для улаживания всяких дел.

Увидав это предписание, мой отец моментально развелся с Фаиной Борисовной. В те годы формальности решались быстро, никто не давал никаких сроков на раздумье. Пришли, получили печати в паспортах, ушли.

Став свободным человеком, отец сразу повел маму в загс. Она попыталась сопротивляться и сказала:

— Ведь нас выселяют, может, лучше тебе со мной не связываться?

Аркадий Николаевич хмыкнул:

— Ну уж нет, уезжать, так вместе, одной семьей. И потом, кто багаж понесет? Хорошо знаю вас с Фасей, вещи все бросите, тяжеленные альбомы с фотографиями прихватите, а сумку поднять не сумеете.

Родители дошли до загса и ткнулись носом в табличку «Закрыто». Папа возмутился:

— С ума сойти! Одиннадцать утра, а они обедать сели!

С этими словами он принялся колотить в дверь кулаком. Она распахнулась, появилась заплаканная тетка. Глянула на Тамару, державшую в руках букет, и довольно зло спросила:

— Что случилось?

— Жениться хотим, — ответил Аркадий Николаевич.

— С ума сошли, да? — взвизгнула тетка. — Радость у вас? У всей страны слезы, а вам потеха?

— Вы о чем? — попятилась мама.

— Ты не знаешь?

— Нет, — хором ответили родители. — Что случилось?

Тетка судорожно зарыдала, а потом еле-еле выдавила из себя:

— Сегодня умер Иосиф Виссарионович Сталин, мы теперь сироты! Ступайте домой, потом поженитесь.

В полном обалдении родители дошли до проспекта, и тут с мамой случилась истерика, из глаз ее потекли слезы. Редкие прохожие, почти все с заплаканными лицами, не обращали внимания на женщину, бьющуюся в рыданиях. В тот день вся Москва исходила плачем, только редко кто шептал при этом, как моя мама:

— Слава богу, это тебе за Стефана! Что же ты раньше не сдох!

Тамара плакала не от горя, а от счастья. Она потом пошла в Колонный зал, где было выставлено тело Сталина. Ее чуть не раздавили в толпе, но мама очень хотела поглядеть на покойника, ей надо было убедиться в том, что тиран, убивший ее отца и многих других ни в чем не повинных людей, умер. Тамара очень боялась, что это обман, в гробу кукла, а Сталин просто спрятался.

В следующий раз мои родители отправились в загс в тот год, когда мне предстояло пойти в школу. Думаю, если бы при поступлении ребенка в первый класс не требовались документы, отец с матерью и не позаботились бы о соблюдении формальностей.

В 54-м году барак на Скаковой улице расселили. Бабушка и мама получили комнату в коммунальной квартире на улице Кирова, бывшей Мясницкой. Сейчас ей вернули первое имя, но для меня Мясницкая навсегда осталась улицей Кирова.

На первом этаже дома располагался магазин

«Рыба». Около шести утра во двор начинали въезжать машины, груженные товаром, и все жильцы просыпались.

Грузчики швыряли ящики, ужасно матерились, автомобили гудели...

Я плохо помню ту квартиру. В памяти всплывает длинный коридор, по которому бегает несчетное количество детей, огромная кухня, невероятных размеров санузел с унитазом, стоящим на подставке. Бачок был вознесен под потолок, вниз свисала цепочка из плоских звеньев, заканчивавшаяся фарфоровой ручкой с надписью «Мосводопровод». А вот о нашей комнате не сохранилось почти никаких воспоминаний, но одно знаю хорошо: я спала за шкафами, которые отчего-то стояли не впритык друг к другу, пространство между ними было занавешено газетой, и, когда к нам в гости приходили мама и папа, я, проковыряв пальцем в бумаге дырку, подглядывала за взрослыми.

Я не оговорилась, родители приходили в гости. У отца имелась своя жилплощадь, комната в известном доме писателей в Лаврушинском переулке. В те времена почти вся Москва ютилась по коммуналкам, редкие счастливчики имели отдельные квартиры, но коммуналки были разными. Наша с бабушкой самая обычная, с множеством клетушек и расписанием на двери ванной, а вот папина считалась элитной, потому что жило в ней всего два писателя: Аркадий Николаевич Васильев и Виктор Борисович Шкловский. Правда, комнаты у них были меньше некуда, узкие, словно пеналы. Для того чтобы сесть за письменный стол, мой папа перепрыгивал через кровать. Зато у них с Виктором Борисовичем не было никакого расписания на ванной, они не ругались на кухне и мирно открывали дверь своим и чужим гостям.

В крохотной восьмиметровке в Лаврушинском переулке жить вместе с ребенком было просто невозможно, а в квартире на улице Кирова папа поселиться не мог. Жильцы, обозленные появлением в людском скопище еще одной особи, мигом начинали строчить заявления в милицию, сигнализируя о проживании человека без прописки. Поэтому я с бабушкой обитала в одном месте, а папа с мамой в другом. Воссоединились мы лишь в 1957 году, когда построился дом возле метро «Аэропорт».

Вот момент переезда туда я помню очень хорошо. Мы все идем по узеньким доскам, проложенным среди жидкой грязи. Вокруг стоят покосившиеся черные избушки, во дворах натужно орут петухи. Наконец мы подходим к единственному кирпичному зданию. Мама садится на ступени подъезда и начинает плакать.

— Аркадий, куда ты нас завез! Это же деревня! Как здесь жить?

Сейчас трудно поверить, что тот район был в 50-е годы глухой провинциальной окраиной Москвы. Но квартира оказалась очень хорошей, многокомнатной, с большой кухней, я живу в ней до сих пор.

В 59-м году я пошла в школу. Но до этого случилось одно событие, повлиявшее на всю мою дальнейшую жизнь. В августе меня, будущую первоклассницу, привезли с дачи в город. Бабушка пошла со мной гулять во двор. Я стала ковыряться в песочнице, и тут появилась прехорошенькая кудрявая девочка. Она тоже принялась мастерить куличики, мы мигом познакомились и выяснили, что очень скоро, буквально через неделю, пойдем не только в одну школу, но и в один класс. Девочку звали Маша Гиллер, и мы стали лучшими подругами на всю жизнь. Мне трудно сейчас припомнить наши ссоры, наверное, в детстве они все же случались, но класса с пятого мы не повздорили ни разу. Маша всегда около меня: в горе и в радости, я считаю ее своей сестрой, и больше всего меня радует, что такая же дружба связывает и наших детей.

Многие люди с восторгом вспоминают школьные годы, но у меня особо приятных ощущений от тех лет не осталось.

Я была тихим ребенком, не имевшим большого количества подруг. Ни авторитетом, ни любовью у одноклассников я не пользовалась, училась более чем средне. Твердые пятерки у ученицы Васильевой стояли лишь по гуманитарным предметам и немецкому языку. Математика, физика, химия — все это лежало за гранью моего понимания. Правда, арифметику я кое-как освоила, но когда взяла в руки учебник по алгебре! Впрочем, геометрия оказалась еще хуже. Стабильную тройку по этим предметам я имела лишь благодаря умению виртуозно списывать. А вот на выпускном экзамене в десятом классе я испытала настоящий шок, когда увидела, что нас рассаживают в актовом зале в шахматном порядке, по одному за столом, и стоят парты на расстоянии метра друг от друга. Стало понятно, что мне аттестата не дадут никогда, решить экзаменационное задание Грушеньке Васильевой просто не под силу.

Я тупо сидела над пустым листом, когда над головой раздался ровный, спокойный голос нашей преподавательницы математики Валентины Сергеевны:

— Правильно, Груня, хорошо решаешь, только не торопись!

В полном изумлении я уставилась на учительницу. Она что, с ума сошла? Не видит, что перед тупой ученицей Васильевой совершенно чистый черновик?

— Не отвлекайся, Груня, — сухо продолжила Валентина Сергеевна, — переписывай работу аккуратно, следи за полями.

Затем она пошла дальше, изредка останавливаясь возле учеников. Я перевела глаза на парту и увидела листок, исписанный четким почерком Валентины Сергеевны, готовое решение всех экзаменационных задач.

После окончания испытаний я бросилась в учительскую и обняла Валентину Сергеевну. Та сняла очки и пробурчала:

— Да уж! В конце концов, я сама виновата, что в твоей голове не задержалось никаких знаний по точным наукам.

Есть еще одно воспоминание, связанное с десятым классом. Первое сентября, классная руководительница Наталия Львовна, устроившая перекличку, отчего-то пропустила фамилию Маши. Наши фамилии были в классном журнале рядом: Васильева, Гиллер. Но, назвав меня, Наталия Львовна потом прочитала:

— Гречановский.

Я уставилась на поднявшегося Игоря и воскликнула:

— Ой, вы Машку не назвали!

— Помолчи, Груня, — велела Наталия Львовна.

Я замолчала. Учительница монотонно читала список и наконец произнесла:

— Трубина.

Я изумилась и завертела головой в разные стороны.

Ага, значит, у нас новенькая, но тут глаза натолкнулись на вставшую Машу.

Урок пошел прахом. Все сорок пять минут я провертелась, усиленно подмигивая подруге. Нас с ней в классе шестом нарочно рассадили по разным партам, чтобы мы не болтали, забыв обо всем на свете.

На перемене я подлетела к Машке:

— Ты поменяла фамилию?

— Ага, — кивнула та.

— А мне почему не сказала?

— Так сама узнала только сегодня утром, — развела руками Машка.

— Чем же Гиллер тебе не понравилась? — недоумевала я. — Красиво звучит!

Маша тяжело вздохнула:

— В институт с такой поступать трудно. Пришлось взять мамину. Я же еврейка по папе получаюсь!

— Кто? — изумилась я.

— Еврейка, — повторила Машка и стала растолковывать мне правду о «пятом пункте».

Я была страшно удивлена. То, что Машка еврейка, меня не поразило; эскимоска, негритянка, узбечка, таджичка — какая разница! Но, оказывается, в нашей стране не все справедливо!

Впрочем, в школьные годы я не задумывалась о многих вещах. Я не знала бедности, горя и несчастий. Мне казалось, что у всех детей есть любящие родители и бабушка, дача, машина, домработница и учителя, не унижающие их достоинство.

Честно говоря, уникальность своей школы, специализированной, с преподаванием ряда предметов на немецком языке, я осознала, уже будучи взрослой.

Начнем хотя бы с того, что у этой школы имелось два здания: «большое» и «маленькое». В последнем учились дети до пятого класса. Во времена моего детства первые четыре класса все предметы вела одна учительница. И только потом мы получали возможность перейти во «взрослое» здание.

Каждое утро ученики, приходившие на занятия, принимали участие в своеобразной церемонии. На лестнице у огромного зеркала стояли директор, дежурный учитель и кто-то из старшеклассников, членов бюро ВЛКСМ. Все девочки, проходя мимо них, должны были сделать реверанс, а мальчики поклониться. У нас были великолепные учителя, свой школьный летний лагерь, огромная библиотека... Одним словом, учебное заведение было таким, в какие сейчас пытаются превратить некоторые платные лицеи и гимназии. И еще — наши преподаватели, строгие, эрудированные, на школьников никогда не орали, не обзывали нас идиотами, не били линейкой по голове, обращались к нам на «вы» и в первую очередь уважали в нас личность.

Но я, по наивности и глупости, считала все учебные заведения такими же и страшно тяготилась занятиями. Самыми радостными моментами в школьные годы для меня были болезни: свинка, ветрянка, грипп...

Едва в горле начинало першить, как я с радостным лицом неслась к папе в кабинет, где три стены занимали книжные полки. Я провела там много счастливых часов, перебирая тома. Те из вас, кто близок ко мне по возрасту, должны хорошо представлять себе эту библиотеку, в ней были в основном собрания сочинений. Чехов, Бунин, Куприн, Лесков, Мельников-Печерский, все Толстые, Достоевский, Пушкин, Лермонтов, Брюсов, Бальмонт... Отдельно стояли тома Майн Рида, Дюма, Фенимора Купера, Джека Лондона, Вальтера Скотта, Гюго, Бальзака, Золя, Конан Дойла... Всего не перечислить. На самом верху, куда маленькому ребенку было трудно дотянуться, стояли

«Декамерон» и том из собрания сочинений Куприна с повестью «Яма».

Годам к четырнадцати я освоила домашнюю библиотеку и стала брать книги у соседей. Дом наш был уникальным. Тут жили одни писатели: К. Симонов, Арсений Тарковский, В. Войнович, А. Галич, А. Штейн, А. Арбузов, Е. Габрилович, А. Безыменский...

Я не стану сейчас перечислять все фамилии. У многих писателей были дети, и мы вместе играли во дворе, но особых друзей у меня на Аэропорте, кроме Маши, не было. Я больше любила сидеть одна в своей комнате и читать. А еще у меня имелся кукольный двухэтажный домик с мебелью, в котором жили крохотные фигурки. Не один час провела я возле этой игрушки, разыгрывая всякие сценки. Было и другое объяснение тому, что мне не удалось приобрести друзей во дворе. Лет до пятнадцати бабушка никогда никуда не отпускала меня одну, на то имелась серьезная причина. Фася до самой смерти не могла забыть стресс, перенесенный ею в 1922 году.

Зимой, одев дочь Томочку в хорошенькую шубку из белочки, такой же капор и варежки, Афанасия пошла в магазин. В лавке оказалось жарко, чтобы дочка не вспотела, Фася оставила ее у входа, на улице. Когда Афанасия вышла, Томочки у магазина не было, она пропала. Думается, можно не объяснять, какие чувства испытала несчастная мать, бегая по переулкам в поисках дочки. Но все было бесполезно.

В полном ужасе Афанасия кинулась в милицию. Там ее встретил сотрудник, решивший успокоить бедняжку.

— Ты, гражданочка, сядь, — участливо сказал он, — выпей воды.

А потом произнес фразу, которую моя бабушка не сумела забыть до самой смерти:

— Дочка потерялась? Найдем, не плачь, теперь бояться нечего. Торговку, которая из детей варила холодец, мы вчера поймали.

Напомню, что шел голодный 1922 год. Услышав из уст милиционера сие заявление, бабушка упала, у нее внезапно отнялись ноги. Стефан принес жену домой на руках. До самого вечера они мучились от неизвестности, но потом в дверь позвонили. На пороге стоял милиционер, державший за руку чумазую побирушку в лохмотьях.

— Получите ребенка и распишитесь, — сурово велел он Стефану.

Дедушка отшатнулся:

— Но это не моя дочь!

Тут нищенка бросилась к нему на шею и закричала:

— Папочка, это же я, твоя Томочка!

Девочку завели в какой-то дом, сняли с нее дорогую шубку с шапкой, дали ей рваный платок и выставили вон.

Целых три месяца после этого события бабушка не могла ходить, ее на извозчике возили к врачу на массаж, но толку не было никакого. Впрочем, именно эти поездки в конце концов и исцелили Афанасию.

Один раз извозчик не сумел справиться с лошадью, та, испугавшись чего-то, понесла. И тут бабушка неожиданно выпрыгнула из пролетки. Страх отнял у нее ноги, страх же их и вернул.

Вообще-то Фася никогда не терялась в экстремальных ситуациях и умела принимать неординарные решения. Когда однажды в ее гимназии вспыхнула от свечки новогодняя елка и огонь мигом перекинулся в зал, все гимназистки, визжа от ужаса, бросились к двери, где, пытаясь выбраться, начали давить друг друга. Фася же молча кинулась в противоположную сторону, к окну, и благополучно очутилась раньше всех во дворе. Афанасия никогда не была «стадным» человеком.

Понимаете теперь, почему бабушка ни на шаг не отпускала от себя любимую внучку? Послабление делалось лишь на даче, в Переделкине.

Каждый год в конце мая мы уезжали туда, в дом под номером четыре на улице Тренева. Это здание никогда не было нашей собственностью. Двухэтажный дом со всеми удобствами и участком почти в гектар принадлежал Союзу писателей, отец просто отдавал за него арендную плату. Мебель, посуду и всякие бытовые мелочи мы прихватывали с собой. До нас это здание занимал драматург Ромашов, а моя семья прожила там с 1960 по 1987 год. Мое детство, отрочество, юность и часть молодости прошли в Переделкине.

Дача была зимней. В первые годы у нас были печки, топившиеся дровами, затем появились батареи, но в котел все равно приходилось сыпать уголь, лишь потом провели газ и повесили колонку, безотказно дававшую горячую воду, телефон же поставили уже после смерти моего отца. Но все равно это были совершенно царские условия. Нам не приходилось бегать с ведром к колодцу и топать к дощатому сортиру в глубине участка.

Около ворот стояла сторожка. Одну ее половину занимал гараж, во второй жили дворники Таня, Коля и их дочка Вера.

Зимой в Переделкине было, безусловно, хорошо, но меня привозили только на январские каникулы, а вот летом... О, тогда наступало самое счастливое время.

Я не стану сейчас перечислять всех, кто жил в писательском городке, постараюсь лишь припомнить друзей родителей: П. Нилина, А. Вознесенского, З. Богуславскую, Е. Евтушенко, Р. Рождественского, В. Тевекеляна, Л. Кассиля, С. Смирнова, И. Андроникова, И. Штока... Я определенно кого-то забыла. Самые близкие отношения связывали папу и маму с семьей Валентина Петровича Катаева. Его вдова, Эстер Давыдовна, дочка Женя, внучка Тина — наши ближайшие друзья до сих пор, а моя дочь Маша и правнучка Валентина Петровича Лиза нежные подруги.

Именно в семье Катаевых я получила первое понятие о литературном творчестве. Нет, мой отец писал каждый день, трудно, тяжело, подчас по двенадцать часов кряду. Но у него это происходило совершенно неинтересно, буднично.

Утром папа, выпив чашку чаю, сообщал:

— Ушел к станку, — и запирался в кабинете.

Меня с раннего детства приучили не соваться к папе, когда закрыта дверь. У Валентина Петровича дело обстояло иначе. Он мог вскочить во время общего чаепития, оборвав фразу на полуслове, и со странным выражением лица покинуть всех, не сказав ни слова. Эстер Давыдовна объясняла:

— Валечка пошел работать.

Честно говоря, меня его поведение пугало, и один раз я, набравшись смелости, подошла к классику советской литературы и спросила:

— Дядя Валя, а почему вы вот так убегаете?

Валентин Петрович погладил меня по голове и вздохнул:

— Боюсь, детка, не сумею объяснить. Понимаешь, я слышу голос, который мне нашептывает фразу, вот и бегу ее записывать.

Я обсудила эту информацию с его внучкой Тиной, и мы пришли к выводу, что Валентин Петрович придумывает. Ну какой такой голос? Вот ведь бред. Но именно Валентин Петрович Катаев впервые посеял в моей душе сомнения, и я задалась вопросом: а вдруг писатель — это не тот человек, который сначала составляет подробный план произведения, а потом методично пишет главы? Вдруг правда кто-то диктует ему на ушко?

Уже в зрелом возрасте я читала разные воспоминания, в которых фигурировала фамилия Катаева. Многие коллеги по перу описывали Валентина Петровича как желчного человека, но это неправда. Просто Катаев терпеть не мог бездарей, называвших себя литераторами. По Переделкину ходил маленький дядечка Василий К., написавший за всю свою жизнь только одно произведение, поэму о ленинском субботнике. Ее многократно переиздавали, и Василий К. на самом деле считал себя равным Пушкину. Вот в адрес этого человека Валентин Петрович мог отпустить едкое замечание, у него был острый язычок сатирика, но он никогда не позволял себе грубости и не унижал чужого достоинства. С нами, детьми, он был фантастически терпелив. Сколько раз мы с Тиной играли в их доме в прятки, с топотом носясь по лестнице. Однажды мне пришла в голову идея спрятаться у Валентина Петровича под письменным столом, что я и проделала. Тина носилась с воплями по саду, я сидела тихо-тихо, прижавшись к ногам Катаева. Вдруг распахнулась дверь, и вошла Эстер Давыдовна, которая довольно сердито сказала:

— Нет, какое безобразие! Ты же мешаешь работать Катаеву!

Валентин Петрович мгновенно ответил:

— Что ты, Эстенька, разве ребенок способен помешать?

И все же, при всей кажущейся простоте, в Валентине Петровиче имелась какая-то тайна. Вот Корней Иванович Чуковский был совершенно, на мой взгляд, обычным человеком. Сколько раз он, остановив меня на дорожке, предлагал:

— А ну, Грушенька, давай наперегонки до поворота на шоссе.

Я радостно соглашалась и всегда проигрывала. Мне было не угнаться за длинноногим Корнеем Ивановичем. Я очень любила Чуковского, он так умел вас слушать! А еще Корней Иванович создал в Переделкине библиотеку, при ней работал театральный кружок. Почти все дети Переделкина участвовали в спектаклях. Два раза за лето Чуковский устраивал мероприятие, которое называлось «Костер». В июне — «Здравствуй, лето», в августе — «Прощай, лето». За вход следовало заплатить десять шишек, которые торжественно бросались в пламя. Кто только не приезжал к нам для участия в кострах! Сергей Образцов с куклами, Аркадий Райкин, космонавт Герман Титов...

Сначала дети показывали спектакль, потом выступали гости, затем зажигался костер и все, взявшись за руки, плясали вокруг огня. Впереди несся Корней Иванович, на голове у него сидел самый настоящий убор индейского вождя!

Много лет спустя я прочитала опубликованные в журнале «Юность» воспоминания Корнея Ивановича и нашла там нас всех. Чуковский, оказывается, внимательно приглядывался к детям. Отыскалась на страницах и моя фамилия. Корней Иванович писал, что Груня Васильева очень плакала, когда ей не досталась в спектакле роль принцессы. Чтобы утешить меня, Чуковскому пришлось срочно переделывать сценарий, и вместо одной капризной дочери у царя стало их две. Чуковскому было невыносимо видеть огорчение ребенка, намного легче оказалось переписать пьесу.

В детстве я совершенно не понимала, в окружении каких людей живу. Ну бегает со мной наперегонки Корней Иванович, ну написал мне Валентин Петрович сочинение, заданное в школе на тему «Образ главного героя в повести Катаева «Белеет парус одинокий». Самое интересное, что он получил за него тройку и потом дико хохотал, изучая мою тетрадь, всю испещренную красными замечаниями, начинавшимися со слов: «В.П. Катаев хотел сказать...»

И что удивительного в Андрее Андреевиче Вознесенском? Он зовет меня соседкой и всегда говорит:

— Ну, Груня, тебя просто не узнать, еще выросла.

Последняя фраза меня слегка обижала. Естественно, выросла, не могу же я вечно оставаться маленькой.

На большой круглой террасе нашей дачи собирались не только писатели. Мама всю свою жизнь проработала в Москонцерте, и потому в дом текли актеры. Нани Брегвадзе, Буба Кикабидзе, Юрий Никулин — я помню их всех молодыми и очень веселыми. И у меня начисто отсутствовал трепет перед людьми искусства. Я искренне удивлялась: ну зачем просить у этих людей автографы. Ну какой интерес подсовывать книжку Роберту Рождественскому? Господи, вот они на полках у меня стоят, все подписанные. Понимаю, что вам смешно, но лет до десяти я была уверена в том, что писатели сначала собственноручно подписывают весь тираж и только потом его продают.

На дорожках Переделкина можно было свести знакомство с людьми, которые не бывали у родителей. Как-то раз я, школьница, шла мимо того места, которое в писательском городке называлось «Неясная поляна».

В тот день все мои друзья куда-то разбежались, мне было скучно, к тому же сломался велосипед, и к подружке Ире Шток пришлось топать пешком. На тропинке я столкнулась со странной женщиной. Рыжая коса свисала у нее почти до пояса, ноги были обуты в белые лаковые сапожки. Вообще говоря, многие из писательских жен и дочерей одевались весьма экстравагантно, поэтому внешний вид дамы меня не смутил.

Я, чтобы не терять времени зря, прихватила с собой учебник по литературе. На лето нам задали выучить кучу стихов, идти к Ире было далеко, вот я и решила совместить приятное с полезным.

Выкрикивая во все горло строчки из поэмы Владимира Маяковского «Владимир Ильич Ленин», я и налетела на рыжую тетку. Та моментально спросила:

— Ты читаешь Маяковского?

Я кивнула:

— Ага.

— И нравится?

В детстве я была откровенной девочкой, умение лицемерить пришло лишь с годами, да еще папа приучил меня, не стесняясь, высказывать собственное мнение, поэтому я заявила:

— Нет.

Тетка вздернула брови:

— Зачем тогда читаешь?

— В школе заставляют, — объяснила я, — прямо замучилась, очень неинтересно.

— Кого же ты любишь? — сердито спросила незнакомка.

Я принялась загибать пальцы:

— Бальмонта, Брюсова, Блока, Есенина...

— Есенина! — фыркнула рыжая. — Он Маяковскому в подметки не годится! Фу!

— Но Маяковский писал только о революции, — пискнула я, — а мне больше нравится читать про любовь. И вообще, он был просто революционер, а не поэт!

— Кто? — заорала тетка.

— Маяковский.

— Володя?!

Слегка удивившись, что рыжая называет Маяковского просто по имени, как хорошо знакомого человека, я кивнула:

— Ну да, у него все про Ленина...

Незнакомка вырвала у меня из рук учебник, пару минут полистала его, потом со всей силы зашвырнула в канаву, где плескалась вода от шедших в то лето проливных дождей, и заявила:

— Глупости! В этой книжонке нет ни слова правды. А ну пошли, поболтаем. Надеюсь, ты не торопишься?

— Нет, — вздохнула я, провожая взглядом утонувшее пособие.

И мы стали ходить кругами вокруг «Неясной

поляны». Тетку звали Лилей. То, что она представилась без отчества, совершенно меня не удивило. Почти все писательские жены приказывали нам, детям, звать их по имени, обращение «тетя» не приветствовалось, только «Эстер», «Роза», «Елена», «Циля»... Многие из нас обращались так и к своим матерям, поэтому я спокойно стала звать рыжую Лилей, в этом не было ничего эпатажного, но уже через десять минут я поняла, что судьба столкнула меня с удивительным человеком.

Я в то лето увлекалась стихами, знала их много наизусть, но Лиля оказалась просто ходячей энциклопедией поэзии. Она могла продолжить любое начатое мной стихотворение и тут же рассказывала об авторе. Спустя час я была уверена в том, что Маяковский самый великий из всех существовавших на свете поэтов. А еще я услышала от Лили имена и фамилии абсолютно незнакомых мне авторов. В общем, я влюбилась в Лилю и на следующий день опять прибежала на поляну в надежде встретить ее. Скоро мне стало известно, что Лиля, как правило, в районе пяти часов вечера выходит на прогулку, причем одна.

Завидя ее рыжую косу, я собачкой бросалась к новой знакомой, и мы начинали бродить вокруг поляны. Чего только я не узнала от Лили! Меня перестали удивлять ее странные заявления типа:

— Когда мы с Маяковским...

Ежу понятно, что Лиля не могла быть с ним знакома. Поэт застрелился в 1930 году! Но в Переделкине водилось много невероятных людей, приходил к нам на дачу литературовед «С», который на полном серьезе заявлял:

— Господи, я же мог остановить Пушкина! Ведь видел, как заряжались те дуэльные пистолеты!

«С», всю свою жизнь посвятивший изучению творчества Александра Сергеевича, в конце концов уверовал в то, что являлся его другом. Вот я и решила, что Лиля тоже из породы переделкинских сумасшедших. Почти целое лето мы провели в упоительных беседах, потом Лиля уехала в Париж, пообещав вернуться осенью.

Я загрустила, начиная с сентября, мне предстояло жить в городе.

Через несколько дней после ее отъезда я пришла к Катаевым, увидела Тинку, мрачно читавшую ту же поэму «В.И. Ленин», и принялась страстно рассказывать о поэте, которого уже считала близким родственником.

Валентин Петрович сначала молча слушал меня, потом удивленно спросил:

— Грушенька, это что, теперь учат в школах про Осипа Брика? С ума сойти!

— Нет, нет, — объяснила я, — мне Лиля рассказала.

Катаев переглянулся с женой:

— И где ты с ней познакомилась?

Я выложила историю про учебник. Валентин Петрович принялся хохотать, наконец, успокоившись, он покачал головой:

— Странно, что, услыхав про такое отношение к Маяковскому, Лиля не разорвала ребенка в лапшу!

— Валя! — предостерегающе произнесла Эстер Давыдовна, но Валентина Петровича уже понесло:

— Ты знаешь, с кем познакомилась?

— С Лилей.

— А ее фамилию знаешь?

Я растерялась:

— Она ее не сказала.

— Лиля Брик, так зовут твою новую знакомую.

Мне это сочетание ничего не прояснило.

— Лиля — жена Осипа Брика, — объяснил Валентин Петрович.

У меня отвисла челюсть.

— Так она и правда водила знакомство с Маяковским?

— О боги! — в сердцах воскликнул Катаев. — Да она с ним спала!

— Валя! — в полном негодовании подпрыгнула на диване Эстер Давыдовна. — Это же дети!

Валентин Петрович закашлялся, а Эстер мгновенно засуетилась.

— Тиночка, Грушенька, пойдемте на веранду, там Наташа шоколадный торт подала, давайте, девочки, скорей, скорей.

Я ушла, но имя и фамилия «Лиля Брик» прочно засели в голове.

Больше я с Брик не встречалась. Приехав на следующий год в Переделкино, постеснялась зайти к ней на дачу. Лиля умерла в конце семидесятых, вернее, покончила жизнь самоубийством. Она упала на лестнице, сломала шейку бедра. В те годы трансплантацию суставов делали исключительно редко, и Лиле предстояло остаток дней провести в постели. Гордая натура Брик не могла с этим смириться, и Лиля приняла решение уйти из жизни. Как я плакала, узнав, что больше никогда не увижу ее на дорожках «Неясной поляны»! Благодаря Лиле передо мной открылся мир «несоветской» литературы, я узнала о тех писателях и поэтах, которых не упоминали в учебниках. Именно Брик показала девочке, что океан книг неисчерпаем. Я навсегда запомнила Лилю прекрасной, рыжеволосой, в белых лаковых сапожках. И хотя ей в год нашего неожиданного знакомства было за семьдесят, я считала ее двадцатилетней, такая энергетика исходила от этой женщины. Я часто вспоминаю Лилю, сожалея, что мы никогда с ней больше не встречались, но она жива, потому что я думаю о ней.

Моя мама и бабушка полагали, что девочка обязательно должна хорошо знать музыку. Лет этак в семь меня поволокли в музыкальную школу. Проведя испытание, директриса вышла к родителям, держа Грушеньку Васильеву за руку. Сначала она сухо прокомментировала итоги экзаменов, а потом сообщила:

— Вот об этой девочке я хочу сказать особо. Совершенно уникальный случай.

Бабушка приосанилась и стала гордо поглядывать на окружающих. Она почувствовала себя родственницей великой пианистки, ее переполняло счастье! У внучки обнаружен редкостный талант.

— Впервые вижу такого ребенка, — продолжала педагог, — она не способна угадать ни одной ноты, у нее полное отсутствие слуха, чувства ритма и голоса. Медведь тут наступил не на ухо, он просто сел целиком на девочку и сидит на ней до сих пор.

Короче говоря, в «музыкалку» меня не приняли, а вот несчастная Машка Гиллер, обладавшая, как на грех, стопроцентным музыкальным слухом, вынуждена была после обычной школы отправляться в музыкальную да еще потом киснуть дома над пианино. Во время нашего детства магнитофоны были большой редкостью, катушечный аппарат, имевшийся в школе, частенько ломался во время вечеров, и наша классная руководительница Наталия Львовна говорила:

— Ничего, ничего, сейчас Маша нам поиграет, а все потанцуют!

Представляете радость Машки, которой предстояло долбасить по клавишам в тот момент, когда другие веселились!

Поняв, что Грушеньке никогда не победить на Конкурсе пианистов имени П.И. Чайковского, мама купила абонемент в Консерваторию. Невозможно вам описать мучения ребенка, вынужденного сидеть в зале и внимать звукам, которые кажутся ему одинаковыми. Моцарт, Вивальди, Бах, Бетховен, Шопен, Мусоргский... Я прослушала их произведения не один раз, но запомнить не смогла и никогда не разберу, кому принадлежит та или иная мелодия. Если честно, я ненавидела Консерваторию, Концертный зал имени Чайковского и конферансье Анну Чехову. Слегка примирял меня с походом в храм музыки буфет. Там продавали бутерброды с моей любимой копченой колбасой и ситро. Налопавшись, я мирно дремала в кресле, изредка пересчитывая трубы у органа. Надо же было хоть чем-то заняться во время концерта. Желая привить девочке музыкальный вкус, мама и бабушка достигли противоположного результата, меня стало тошнить при виде симфонического оркестра.

И если вы думаете, что этим мучения мои ограничивались, то ошибаетесь. Каждый выходной Грушеньку обязательно отправляли в музыкальный театр, слушать оперу или смотреть балет, намного реже мне удавалось увидеть обычную пьесу.

Опера меня раздражала, а во время танца очередных лебедей я мирно засыпала. Мама и бабушка очень огорчались отсутствию у меня музыкальности, сами-то они были меломанками, поэтому в два голоса отчитывали меня после представления. Я ощущала себя неуютно, сидя в огромном зале среди тех, кто обожал музыку. У людей на лицах было выражение умиротворения и восторга, и мне казалось, что в целом мире есть только одна тупая личность — это я!

Но один раз бабушка заболела, у мамы случилась спешная работа, и со мной в Консерваторию отправили папу. При первых звуках скрипки он закрыл глаза и засопел. Я прислушалась и пришла к выводу: папочка спит. В антракте я поинтересовалась:

— Ты любишь Шумана?

— Нет, — рявкнул отец, — впрочем, Шопена, Чайковского, Пуччини и иже с ними тоже! Терпеть не могу, тоска!

Мы уставились друг на друга, потом я робко предложила:

— Может, пойдем в Дом литераторов? Он же тут совсем рядом, посидим в «нижнем» буфете!

— Отлично, — обрадовался папа, — а маме с бабушкой соврем! Скажем, что восторгались концертом!

С тех пор мы с папой очень полюбили «бывать» в Консерватории, одна беда, Аркадий Николаевич редко мог выкроить свободное время.

В нашем доме, набитом книгами, не водилось литературы криминального жанра. Мама считала детективы произведениями «ниже плинтуса». Те томики, которые по недоразумению дарили дочери гости, она мгновенно отправляла в мусоропровод. Но против Конан Дойла и Эдгара По мама ничего сказать не могла, это же были признанные классики! Поэтому я выучила рассказы про Шерлока Холмса наизусть. Надо сказать, что такое отношение к детективному жанру было тогда повсеместным среди писателей, критиков и издателей. Но читатель-то хотел получить детективы страстно. Абсолютно неинтересный журнал «Звезда Востока», печатавший унылые произведения авторов из разных союзных республик, преимущественно Средней Азии, имел рекордно высокий тираж лишь по одной причине. Изредка на его страницах, в самом конце, после повестей о трудовых буднях сборщиков хлопка и рассказов об установлении советской власти в Туркмении, появлялись переводы Чейза, Агаты Кристи или Рекса Стаута.

В 1964 году папу пригласили в Федеративную Республику Германию. Помните, тогда существовали две Германии, социалистическая и капиталистическая: ГДР и ФРГ? Советских писателей традиционно выпускали в социалистическом лагере, но вот папину книгу отчего-то решили издать в мире капитализма, и отец поехал на встречу с издателем.

Нынешним подросткам, спокойно разъезжающим по всему миру, не понять нас, тех, живших за железным занавесом. Я очень хорошо говорила по-немецки. Во-первых, обучалась в школе, где этот язык считался самым важным предметом, а во-вторых, имела репетиторшу этническую немку Розу Леопольдовну, жену немецкого антифашиста, сгинувшего в сталинских лагерях. Она ходила ко мне каждый день, с четырех лет. «Танте Роза»[1] не вдалбливала ребенку в голову нудные грамматические правила, не заставляла переводить газеты и учить гигантские куски из Гейне и Гете. Нет, мы проводили время в свое удовольствие: играли в куклы, пили чай, варили суп, ходили вместе в магазин. Розу Леопольдовну скорее следовало назвать моей няней или, по-нынешнему, гувернанткой. Впрочем, она сама любила, когда про нее говорили: «бонна». Вряд ли кто помнит сейчас

---

[1] Тетя Роза (*нем.*).

значение этого слова, та же няня, только на немецкий лад. Роза Леопольдовна очень плохо изъяснялась на русском языке, и мы болтали исключительно на немецком. Результат не замедлил сказаться: лет в шесть я тараторила по-немецки как автомат и свободно читала в оригинале сказки братьев Гримм. На память о Розе Леопольдовне у меня на всю жизнь осталось изумительное произношение, в особенности звука «ch», который многие люди, выучившие язык Гейне в московской школе, ничтоже сумняшеся произносят как «щ».

В пять лет ко мне стала ходить еще и француженка Натали. Она тоже появлялась каждый день и тоже на два часа. Через пару месяцев в моей голове смешались два языка, и я начала говорить странными предложениями, ну вроде:

— Папа, bitte[1]... — затем следовал французский глагол.

Но потом все устаканилось, разлеглось по полкам, и я больше не путалась.

Узнав о том, что его будут издавать в ФРГ, папа попросил издателя пригласить и меня. Отто Загнер, естественно, согласился, и мы вместе с отцом прилетели в Мюнхен. Не передать словами ощущения ребенка, попавшего в мир капиталистического товарного изобилия. Сначала я чуть не упала в обморок в продуктовом магазине, пытаясь сосчитать шоколадки, затем, разинув рот, стояла среди вешалок со шмотками и прилавков с игруш-

---

[1] Пожалуйста (*нем.*).

ками. Но основной шок я испытала в книжной лавке.

В те годы магазины в СССР, торгующие литературой, производили очень унылое впечатление. На полках стояли томики в серых, невзрачных переплетах. Ни ярких энциклопедий, ни красивых детских книжек, ни альтернативных школьным учебных пособий не было и в помине. А в Мюнхене я попала в царство кричащих обложек, картинок, комиксов... Было от чего обалдеть. Отто, привезший меня в магазин, усмехнулся и спросил:

— Ну, что хочешь?

— Все детективы, — мигом ответила я.

Загнер кивнул, и со мной в Москву прибыл огромнейший ящик, набитый под завязку томиками, чьи обложки украшали изображения пистолетов и кинжалов.

Мама при виде подарков пришла в ужас, но хитрая дочь моментально заявила:

— Это все для дальнейшего углубленного изучения немецкого!

И что было возразить несчастной маме, коли ребенок решил освоить «басурманский» язык в совершенстве? Книги заняли в моей комнате целую стену. И я принялась за чтение.

Первые десять детективов дались мне с трудом. Со словарем в руках я продиралась сквозь дебри фраз, страшно злясь на то, что не могу проглотить книгу залпом. На одиннадцатом стало чуть легче, на пятнадцатом я сообразила, что больше не нуждаюсь в словаре и читаю совершенно свободно.

Дик Фрэнсис, Нейо Марш, Рекс Стаут, Чейз, Джорджет Хейер, Честертон и многие, многие другие пришли ко мне впервые на немецком языке. Сколько упоительных минут провела я с книгой в руке, сколько раз ссорилась с бабушкой, считавшей, что ребенок обязан в девять вечера лежать в кровати и мирно сопеть в подушку. Выручало меня одно обстоятельство. Каждый вечер бабуля смотрела новости, а потом мгновенно засыпала. Ровно в десять вечера в нашей комнате раздовался тихий храп Фаси. Я тут же вскакивала и неслась в туалет. Там, устроившись на унитазе, я сладострастно погружалась в мир расследований, совершенно не боясь, что меня поймают. Фася спала, не просыпаясь, мама и папа приходили домой за полночь. Впрочем, я всегда знала о том, что кто-то пытается открыть входную дверь, потому как наша пуделиха Крошка начинала лаять и скрести лапами пол в коридоре. Поэтому родители никогда не заставали меня врасплох.

Но один раз случился казус. То ли Крошка крепко заснула, то ли я слишком зачиталась, но вдруг в самый интересный момент, когда я прочла фразу: «И тут инспектор понял, кто виноват...», дверь в туалет распахнулась и появился папа.

От неожиданности и ужаса мне показалось, что на пороге возникла фигура убийцы, я заорала и провалилась внутрь унитаза.

Папа, не ожидавший встретить никого в сортире, тоже завопил, да так громко, что со стены в коридоре свалилась картина и треснула по голове потерявшую всякую бдительность Крошку. Пару секунд мы с отцом кричали, не узнавая друг друга, потом появилась рассерженная мама и, выдернув меня из унитаза, мигом навела порядок.

В десятом классе передо мной встал вопрос, куда идти учиться дальше. Естественно, все связанное с точными и естественными науками отпадало. Меня тянуло в мир искусства: ГИТИС, ВГИК, актерский факультет, но, очевидно, тяга не была безумной, потому что я легко согласилась с мамой, сказавшей:

— Знаешь, детка, актриса — очень зависимая профессия. Станешь годами ждать роли, если не посчастливится выйти замуж за режиссера.

Я кивнула. Тогда за дело взялся папа.

— Пойдешь на факультет журналистики, — сказал он, — во всяком случае, без интересной работы не останешься. Уж я пристрою тебя куда-нибудь.

Отец в 1969 году был членом редколлегий журналов «Крокодил», «Москва», «Огонек», секретарем парторганизации Союза писателей... Понимаете, да?

Я не стала спорить: журфак так журфак. Писать мне нравилось, работа в газете казалась интересной.

Экзамены я сдала на один пятерки, впрочем, вспоминается пара смешных ситуаций. В тот год, когда я поступала в МГУ, абитуриенты проходили четыре испытания: сочинение, русский устный, иностранный язык и история.

Сочинение я, вспоминая Лилю Брик, написала очень легко. Тема звучала так: «Революционная поэтика В. Маяковского». У меня имелось собственное мнение по этому поводу, но я уже была достаточно умна и изложила то, что прочитала в учебнике. С русским языком тоже не было трудностей, я знала его хорошо. Сами понимаете, что и немецкий сдался без проблем. Текст, предложенный для перевода, оказался до смешного легким, что-то про партизан и Великую Отечественную войну. Я ответила и удостоилась милостивого кивка главной экзаменаторши. Пожилая дама, не предполагавшая, что абитуриентка свободно владеет языком, сказала своей коллеге по-немецки:

— Вот, хоть и «списочница», но я со спокойной душой ставлю ей «отлично».

— До тех пор пока у нас будут идиотские тексты, — ответила ей, тоже по-немецки, коллега, — большинство ребят получат хорошие отметки. Дать бы им отрывок из Гейне...

Я не поняла, что имела в виду экзаменаторша под словом «списочница», но их диалог меня обидел, и я мигом отозвалась, естественно, на немецком:

— Могу и из Гейне, и из Гете, и из современных поэтов, только спросите.

Женщины переглянулись, а я принялась декламировать строфы из «Фауста».

— Идите, Васильева, — разозлились тетки, — больше пятерки все равно не получите.

Имея на руках сплошные «отлично», я совершенно не боялась истории, а, вытянув билет, обрадовалась безмерно. Мне досталось сражение советских и фашистских войск на Курской дуге. Я великолепно знала материал, потому что именно этот же билет попался мне и на выпускных школьных экзаменах, кроме того, я любила историю и совсем недавно прочитала толстенный том, посвященный тем событиям.

Без всякого страха я принялась излагать события, ожидая от экзаменатора, мужчины лет сорока, благосклонной улыбки. Но преподаватель повел себя странно. Он постоянно хмурился, стучал карандашом по столу, потом начал морщиться и перебил меня вопросом:

— А вы уверены в точности излагаемых сведений?

Окажись на моем месте робкий человек, он бы точно стушевался и получил «два», но я сообразила, что вредный дядька просто решил «завалить» абитуриентку, и стояла насмерть. На все его ужимки я с мрачной решимостью отвечала:

— Этот факт я вычитала в книге такого-то автора.

Экзаменатор морщился и вздыхал. Я пребывала в недоумении: ну отчего он меня возненавидел?

Потом дядечка нарисовал ломаную кривую и спросил:

— Вот это линия фронта, где наши?

Я моментально ткнула пальцем в нужное место:

— Здесь!

Он скрипнул зубами, раскрыл рот, чтобы задать очередной каверзный вопрос, но тут в дверь протиснулась тощая тетка и положила перед ним листок.

— Вечно вы опаздываете, — буркнул экзаменатор.

Потом он поднес страничку к глазам, пару секунд изучал ее, схватил мой экзаменационный лист, помял его в руках и с самой милой улыбкой вопросил:

— Вы Васильева?

— Да, — растерялась я.

— Агриппина?

— Ага.

— Аркадьевна?

— Абсолютно точно.

— Что же вы мне голову морочите! — воскликнул он и вывел жирную пятерку. — Ступайте, душенька, ваше знание истории выше всяких похвал. Можете гордиться, потому что получили самое честное «отлично».

В полном недоумении я выпала из аудитории, совершенно не понимая, что за метаморфоза приключилась с преподавателем.

Уже потом, учась на журфаке, я сообразила, в чем дело. Я сдавала историю первой, вошла в аудиторию ровно в девять утра, а моему экзаменатору забыли вовремя подать список тех, кого не надо «валить». Родители и словом не намекнули дочери, что ее станут подстраховывать, я целый год бегала по репетиторам и могла гордиться собой, я бы сумела все сдать и без поддержки. Но папа все-таки нажал на нужные кнопки.

Университетская пора запомнилась мне как череда бесконечных экзаменов и зачетов. Я боялась их ужасно, и одна лишь мысль о надвигающейся сессии доводила студентку Васильеву до нервной дрожи, хотя никаких оснований для ужаса не имелось. Наши преподаватели были совсем не звери.

Профессор Западов, например, принимая зачет, демонстративно раскрывал «Литературную газету» и углублялся в чтение.

Студенты лихорадочно шелестели учебниками, вытаскивали из всех мест шпаргалки, профессор оставался невозмутим. Потом он, кивая, выслушивал ответы, ставил всем пятерки и уходил. Однажды я не удержала на коленях очень толстый том, и он с громким стуком рухнул на пол. Аудитория замерла, уж такого Западов не мог не заметить! Профессор спокойно перелистнул страницы «Литературки» и сказал:

— Груня, у тебя упала промокашка.

Вся группа тихо захихикала, а я почувствовала себя хуже некуда.

Преподаватель предмета «Теория и практика советской партийной печати», в просторечии «тыр-пыр», обычно стоял на кафедре и тихо бубнил что-то скучное. В качестве теории мы изучали статью В.И. Ленина «Партийная организация и партийная литература», а из практики я помню только названия шрифтов.

Полной противоположностью «тырпырщику» была дама, преподававшая античную литературу, Елизавета Кучборская. На ее лекции мы приходили, как на спектакль. Во-первых, Кучборская великолепно знала материал, во-вторых, каждое ее выступление на кафедре напоминало спектакль. Кучборская переживала, плакала, топала ногами, злясь на Ахилла, возмущалась вредным характером Елены Прекрасной и тихо презирала Пенелопу. Она могла заявить:

— Этот Минотавр! Гнуснее животного мне не пришлось более никогда встретить!

И вы начинали верить в то, что преподавательница не так давно убегала от Минотавра, путаясь в лабиринте, сидела в Троянском коне, плыла вместе с Одиссеем между Сциллой и Харибдой, сражалась с Циклопом и заливала уши воском, дабы не услышать пения коварных сирен. Я частенько забывала записывать ее лекции, просто сидела развесив уши. Одно плохо, вы никогда не знали, чего ждать от нее на экзаменах. Однажды Кучборская выбросила в окно зачетки всей нашей группы, просто обозлилась на кого-то и пошвыряла синенькие книжечки за подоконник. Мы ползали потом по клумбам, собирая их.

Однажды у нас приключился казус, после которого вся группа чуть не побила меня. Нам предстояло сдавать экзамен Кучборской. Студенты расселись за столами, ожидая преподавательницу.

Я же, накануне решив поэкспериментировать с цветом волос, купила краску, тщательно соблюдая инструкцию, развела ее, подождала полчаса, смыла и... о ужас! — увидела вместо легкой рыжины иссиня-черные пряди. Продавщица перепутала упаковки, вместо «лесной орех» выдала мне «черный бархат». Поэтому я стала похожа на ворону. Смыть краску оказалось невозможно, и пришлось идти на испытание в образе цыганки Азы.

Кучборская, как всегда, вихрем влетела в аудиторию, побежала по проходу и замерла около меня.

— Господи! — воскликнула преподавательница. — Вот так, на мой взгляд, должна выглядеть Маргарита. Роковая брюнетка, женщина, при виде которой Фауст потерял весь ум. Да, не блондинка, ни в коем случае! Только черноволосая, с голубыми глазами. Удивительно, прекрасно, волшебно, нет слов! Груня, я ставлю тебе пятерку, молодец, заслужила, можешь уходить. Остальных попрошу взять билеты.

В полном изумлении я выпала в коридор, мне никогда не удавалось ни до, ни после этого случая получить «отлично» за цвет волос. Но Кучборская была совершенно нестандартна. Всем остальным в группе она поставила «два»! Причем, расписываясь в зачетках, вздыхала и повторяла:

— Нет, вы не Маргарита, вы пудель!

Сами понимаете, какое острое желание надавать мне тумаков испытали все мои сокурсники: им пришлось идти на переэкзаменовку. Но какой бы непредсказуемо капризной ни казалась Кучборская, преподавателем она была гениальным. Описание щита Ахилла я помню наизусть до сих пор.

К сожалению, в мое время на журфаке изучали еще и кучу всяких неудобоваримых предметов: научный коммунизм, историю партии... Это был совершеннейший ужас. Требовалось назубок знать даты всех съездов КПСС, рассказать их повестку дня, назвать основных выступающих, в общем, полный мрак. С огромным трудом прорывалась я и сквозь дебри таинственных наук: политэкономии и бухучета. Еще нам преподавали логику. Вы не поверите, но я ходила сдавать ее семнадцать раз. Причем с теоретической частью проблем у меня не было, я «тонула», когда препод предлагал решить задачу.

И полная катастрофа случилась с физкультурой. Дело в том, что журфак был расположен и находится сейчас напротив Кремля. Физкультурой же нам предлагалось заниматься на Ленинских горах. А теперь представьте, что вам предстоит встать в шесть утра, выйти в семь под проливным дождем из дома, потом ехать почти час до станции метро «Университет». Затем топать довольно далеко пешком, а все ради того, чтобы попасть в спортивный зал! Я, между прочим, с детства ненавидела физкультуру и не испытывала никакой радости при виде брусьев и шведской стенки. Поэтому благополучно прогуляла на первом курсе абсолютно все спортивные занятия. Я заводила вечером будильник, полная решимости встать и отправиться в зал со снарядами, но утром взгляд мой падал на темную улицу за окном, рот начинала раздирать зевота, и я забивалась под одеяло, говоря себе: «Ничего, один разочек пропущу, никто и не заметит». И в результате меня не допустили к сессии. Впереди замаячил призрак отчисления. Я перепугалась безумно. Старшекурсники посоветовали найти нашего декана Ясена Николаевича Засурского и пасть ему в ноги. Ясен Николаевич, человек редкой доброты, был не способен отказать студенту в просьбе и обычно разрешал всем прогульщикам прийти на экзамены.

Но у Засурского имелась заместительница по учебной работе грозная Марина Ивановна. Вот уж от нее пощады ждать не приходилось. Она вышла из своего кабинета и мрачно заявила:

— Васильева, не прыгай тут, все равно ничего хорошего не получится. Ясен Николаевич в Америке читает лекции.

Засурский — крупнейший литературовед, специалист по Драйзеру, частенько ездил в США,

Положение казалось безвыходным, на помощь пришла Машка.

— Слышь, Грушка, — сказала она, — пошли к моему папе, он что-нибудь придумает.

Отец Маши, Вильям Ефимович Гиллер, блестящий хирург, работал главным врачом поликлиники Литфонда СССР. Он сам был членом Союза писателей, публиковал книги, очень интересные, о войне. Я в детстве читала их с огромным удовольствием. Мы заявились к Вильяму Ефимовичу в кабинет, и Машка велела:

— Папа, немедленно найди у нее какую-нибудь страшную болезнь, освобождающую от физры!

Вильям Ефимович, суеверный, как все врачи, замахал руками:

— Что ты, Машенька! Разве можно...

Машка топнула ногой:

— Папа, сделай что-нибудь! Ее отчислят!

Вильям Ефимович обожал дочь, а меня считал кем-то вроде племянницы, поэтому он нашел блестящий выход из положения. Дал мне справку о... беременности.

— Понимаешь, детка, — смущенно сказал Вильям Ефимович, вручая мне бумажку, — нехорошо как-то врать про тяжелые заболевания, еще накаркаем. А беременность говорит об исключительном здоровье женского организма.

Я побоялась сама нести справку физкультурнику, отправила к нему свою одногруппницу Сусанну Конторер. Все закончилось благополучно, сессия была сдана, меня перевели на второй курс. Но физкультурой предстояло заниматься еще три года!

На втором курсе Вильям Ефимович опять выдал мне справку о предполагаемом рождении ребенка, и та же Сусанна отвезла ее на Ленинские горы.

На третьем году обучения я, на самом деле беременная Аркашкой, с большим животом, столкнулась неожиданно в коридоре журфака с заведующим кафедрой физкультуры. Тот оглядел меня, тяжело вздохнул и с чувством спросил:

— Васильева, вы вообще с какой целью поступали в Московский университет? Вам не кажется, что трое детей к третьему курсу как-то многовато?

Физкультура была единственным предметом, который я полностью прогуляла, все остальные посещала честно, многие любила. Зарубежную и русскую литературу, русский язык, редактирование, историю, психологию... Особняком стоял иностранный язык, меня включили в группу, изучавшую немецкий, и преподавательница сразу поняла, что Васильевой делать на занятиях нечего. Раиса Васильевна пошушукалась в деканате, и мне разрешили посещать занятия по французскому. На пятом курсе Раиса Васильевна велела мне поехать вместе с ней в какое-то учреждение и сдать там экзамены на знание иностранных языков.

Я отбивалась как могла.

— Зачем?

— Тебе дадут специальную бумагу, разрешающую преподавать немецкий и французский, — объяснила профессор.

— Не надо, — фыркнула я, — не собираюсь работать в школе.

Но Раиса Васильевна стояла на своем.

— Детка, репетиторство — это кусок хлеба с маслом, часто еще и с сыром. Никогда не знаешь, как жизнь повернется. Вдруг придется втолковывать детям про «haben» и «sein»? С такой бумагой на руках ты полноправный преподаватель.

Вот и пришлось мне, чтобы не огорчать Раису Васильевну, сдавать совершенно ненужные экзамены. Я получила соответствующие документы, забросила их на антресоли и забыла думать о преподавательской карьере.

Среди множества предметов был и «гроб», гражданская оборона. Девочки изучали медицинское дело, нам присвоили потом звание медсестры. Люди, преподававшие «гроб», все в военной форме, вели себя более чем странно. Никогда не забуду, как меня назначили дежурной по кафедре гражданской обороны. В обязанности дневального входило стоять у двери. Я заняла пост и заскучала, делать было решительно нечего, стоять навытяжку неудобно. Вдруг створка распахнулась, и появился заведующий. Он уставился на меня, а я на него. Кое-какое время мы ели друг друга глазами, потом преподаватель сказал:

— Вы должны приветствовать лектора!

— Здравствуйте, — сказала я.

— Неверно, — буркнул полковник, — повторяю ситуацию.

Он вышел, потом зашел снова и бросил в меня сердитый взгляд. Не понимая, чем ему не понравилось вежливое «здравствуйте», я сказала:

— Добрый день.

— Неверно, повторяю ситуацию.

Я слегка обалдела, но на этот раз, когда он снова вошел в комнату, пробормотала:

— Рада встрече.

— Неверно, повторяю ситуацию.

Окончательно растерявшись, я, вспомнив школьные годы, сделала реверанс, но успеха не достигла. Следующие полчаса полковник без конца выходил и вновь заходил на кафедру, я улыбалась, приседала, кланялась в пояс... Ему ничего не нравилось. В конце концов я обозлилась и спросила:

— Да как же вас приветствовать, а?

— Устав надо знать, — рявкнул вспотевший преподаватель, — следует сказать: «Здравия желаю!»

Для меня до сих пор осталось загадкой, почему он сразу не поправил меня, а сновал туда-сюда без остановки.

После окончания занятий жизнь на факультете продолжала бить ключом. Здесь работала театральная студия под названием «Грезы», руководил ею студент Борис Берман, нынешняя звезда телеэкрана, один из ведущих программы «Без протокола». Я, естественно, мгновенно записалась в труппу. Борька ролей мне не давал, я исполняла танцы, что, учитывая полное отсутствие у меня музыкального слуха, было самым «подходящим» для меня занятием. Успокаивало лишь одно: остальные «балерины» оказались еще хуже, и на их фоне я выглядела вполне пристойно.

В общем, жизнь Груни Васильевой текла совершенно прекрасно, никаких финансовых проблем, замечательные родители, друзья, любимая собака, книги, Переделкино...

Будущее казалось таким же светлым, веселым, радостным...

В августе 1972 года умер папа. Его просто зарезали в Кремлевской больнице. Отец на собственных ногах ушел в «Скорую помощь». У Аркадия Николаевича случился приступ холецистита. Операция по удалению желчного пузыря даже в начале семидесятых годов считалась рядовой, но, оче-

видно, не зря в народе тогда ходила ехидная пого-
ворка про Кремлевку: «Полы паркетные, врачи
анкетные». Оперативное вмешательство провели
плохо, и, промучившись несколько дней, папа
умер.

Рано утром двадцать третьего августа я неожиданно проснулась от тихого голоса отца:

— Грушенька, поди сюда.

Потом послышался резкий, отрывистый звук,
словно кто-то уронил на пол стакан.

Я вскочила и побежала в спальню к родителям,
часы показывали шесть утра пять минут. Рванув
дверь, я увидела пустую, застеленную пледом дву-
спальную кровать и мгновенно сообразила: папочка в больнице, мама ночует у него в палате, мне
просто приснился сон.

Зевая, я вернулась к себе, легла под одеяло и
минут через пятнадцать услышала тихий стук в
окошко. Я отдернула занавеску и увидела Эстер
Давыдовну Катаеву в халате.

— Грушенька, оденься, — тихо сказала она. —
Павлик тебя отвезет в больницу.

Явление Эстер Давыдовны в халате около семи
утра было делом просто немыслимым, и я попятилась к стене. Потом появился сын Катаевых, Павлик, и обнял меня. Мне стало ясно: папы больше
нет.

Уже в больнице, куда меня привез Павлик, я
узнала, что папа скончался в шесть утра пять минут. В палате в этот момент находилась медсестра,
которая принесла лекарство. Поняв, что больной

умер, девушка испугалась, уронила стакан... Каким-то непостижимым образом звон долетел до меня, находившейся в Переделкине.

На похороны писателя Аркадия Васильева пришло море людей, гроб был выставлен в Дубовом зале Центрального дома литераторов. Огромное количество цветов и венков не помещалось на столах и подставках, букеты клали на пол. Панихида тянулась бесконечно, мне, беременной на восьмом месяце, догадались поставить стул лишь в самом конце церемонии. До этого я несколько часов провисела на Машке, которая, как заведенная, повторяла:

— Грушка, я точно знаю, бог есть, дядя Аркаша уже в раю, он нас оттуда видит!

Затем длинный кортеж машин потянулся на Новодевичье кладбище. Стояла дикая жара, под Москвой горели торфяники, над погостом колыхалось душное марево. Гроб установили на центральной площади, я опять навалилась на Машку, начались томительно длинные речи.

То, что лежало в деревянном ящике, мало походило на моего веселого, вечно улыбающегося папу, и я старательно твердила себе:

— Это не он, это просто ошибка, папочка уехал в командировку.

В какой-то момент мой взгляд задержался на лице покойного, и я похолодела. Из-под сомкнутых век медленно показалась капля, потом она потекла по щеке. Дальнейшее помнится смутно. Я ринулась к гробу, стала хватать папу за неподвижные холодные руки, кричать, что он плачет, что мы собираемся похоронить живого человека... Я топала ногами, хохотала и плакала одновременно, требовала немедленно доставить отца в реанимацию... Меня пытались оттащить от гроба, но даже трем здоровым мужчинам это оказалось не под силу.

Мою истерику прекратил Никита Михалков. Он отошел от своего отца, Сергея Владимировича, приблизился ко мне, встряхнул и жестко сказал:

— Он умер.

Я захлебнулась криком и уставилась на Никиту Сергеевича. Естественно, мы были знакомы шапочно, раскланивались при встречах в Доме кино или Клубе литераторов, но и только, никаких дружеских, личных отношений между нами не существовало никогда. Но именно Никита Михалков пришел мне на помощь в тяжелую минуту.

— Он плачет, — пролепетала я.

Никита вынул носовой платок, вытер мне лицо и тихо сказал:

— Жара, заморозка отходит, понимаешь?

Я вцепилась в его большую теплую ладонь. Все сразу стало на свои места.

— Он умер, — продолжал Никита, — а ты осталась, и теперь надо жить так, чтобы твой отец, глядя с небес на землю, не корчился от стыда.

Больше я никогда не встречалась с Никитой Михалковым, думаю, он давно забыл о сцене на кладбище, но его последние слова врезались мне в память навсегда. С тех пор, совершая какой-то поступок, я невольно думаю: не станет ли моему отцу стыдно за дочь?

Отца похоронили прямо за могилой Н.С. Хрущева. Один раз, придя к папе, я села на мраморный цоколь и зарыдала. Жизнь моя тогда была совершенно беспросветной, единственный человек, которому хотелось пожаловаться, — папа. Неожиданно мне на плечо опустилась мягкая рука. Я оглянулась и увидела вдову Хрущева, Нину Петровну.

— Хочешь воды? — спросила она и протянула мне бутылку.

Я покачала головой. Нина Петровна села рядом, обняла меня, я уткнулась в ее большую грудь и зарыдала еще пуще. От Нины Петровны исходило такое тепло, такая уютность, такая настоящая доброта, что я неожиданно рассказала ей про все свои беды, про тяжелую работу, полное безденежье, о том, как трудно поднимать одной ребенка, о том, что непомерная гордыня не позволяет мне пожаловаться друзьям и близким. Много чего выложила я Хрущевой, с которой до сего момента лишь вежливо здоровалась, столкнувшись на кладбище.

Нина Петровна выслушала полузнакомую девушку, а потом тихо сказала:

— Жизнь разная, я очень хорошо это знаю. От радости до беды один шаг, но и назад путь короткий. Все у тебя будет хорошо, сын вырастет, придут деньги, станешь знаменитой писательницей. И вот тогда не забывай, как тебе было плохо, и помогай другим людям.

Утешив меня, Нина Петровна ушла. Я еще посидела на могиле, а потом побрела к метро. Открыв около кассы сумочку, я обнаружила в ней довольно большую сумму денег. У меня в момент выхода из дома в кошельке болталось двадцать копеек, а в голове занозой сидела мысль: где взять средства на покупку ботинок для Аркашки?

Нина Петровна ухитрилась незаметно подсунуть мне деньги.

К чему я вспоминаю эти истории? Каждый раз, когда жизнь загоняла меня в угол, на моем пути попадался человек, говоривший или делавший что-то хорошее для незнакомой девушки. Сейчас, стараясь помочь людям, я просто отдаю долги.

Замуж в первый раз я вышла по глупости. В семнадцать лет, закончив школу, я встретила в одной компании свою первую любовь и совершенно потеряла голову. Вообще говоря, это было неудивительно. Моему кавалеру исполнилось тридцать четыре года, он был взрослый, самодостаточный мужчина и капитально задурил наивному ребенку мозги. Целый год я, сентиментальная дурочка, полагала, что впереди меня ждут долгие-долгие десятилетия жизни с любимым человеком. Я настолько была уверена, что мой кавалер вот-вот предложит мне руку и сердце, что испытала настоящий шок, когда поняла, что он меня бросил. Один раз, придя домой к нему, я увидела на двери записку примерно такого содержания: «Извини, уехал в командировку, буду не скоро, позвоню, когда вернусь». Любимый словно в воду канул.

Квартира, где мы встречались, оказалась съемной, друзей его я не знала, про свою работу он рассказывал туманно, давая понять, что она очень ответственная и важная, но из соображений государственной тайны о службе он не может распространяться. Это сейчас я понимаю, что мне на жизненном пути попался охотник за молоденькими девушками. Скорей всего, давно женатый мужчина, имеющий для свиданий небольшую берлогу. Но данное понимание пришло ко мне намного позднее, а тогда, в 1969 году, я страшно горевала и даже предприняла попытку разыскать исчезнувшего кавалера через Мосгорсправку. Но из этой затеи ничего не вышло, ведь я не знала ни фамилии, ни отчества любовника. Понимаю, что́ вы сейчас обо мне подумаете, но из песни слова не выкинешь. Влюбившись безумно в мужчину, я просто забыла поинтересоваться его анкетными данными, а кавалер говорил о себе скупо, я знала лишь одно: никаких родственников у него нет.

Впрочем, думаю, это была неправда, скорей всего, и имя, под которым он мне представился, было фальшивым. Уже потом, несколько лет спустя после «отъезда» любимого в командировку, мне вспомнился один эпизод. Мы шли с ним по набережной и столкнулись с женщиной, которая, ощупав меня любопытным взглядом, спросила:

— Новая курочка, Жека?

— Мы торопимся, — буркнул мой спутник и повел меня вперед.

— Почему она назвала тебя Жекой? — удивилась я. — Ты ведь не Евгений.

— Я с этой идиоткой учился в одном классе, — пояснил он, — она сейчас употребила мое детское прозвище, оно не имеет отношения к имени.

Я не подозревала своего кавалера ни в чем плохом и, не обратив никакого внимания на сей эпизод, мигом забыла его, а зря!

Полтора года я ждала возвращения любимого из командировки. Потом стало ясно: он не приедет. И тут судьба столкнула меня со студентом МГИМО, ленинградцем Димой Деминым. Никакой любви у меня к нему не было, в глупой голове крутилась совершенно идиотская мысль: вот выйду за него замуж, а из командировки вернется N. То-то станет локти кусать, да поздно будет! Я, как говорится, другому отдана и буду век ему верна.

Хороша мотивировка для того, чтобы выйти замуж! Слабым оправданием моего идиотского поведения служил тот факт, что в 1971 году мне не исполнилось и двадцати лет. К слову сказать, родители отговаривали меня от необдуманного поступка, но кто же слушает разумных маму и папу? Ох, не зря говорится, что дураки учатся на своих ошибках! В конце концов папа, последний раз погрозив мне пальцем, велел готовить свадьбу. Мне сшили белое платье, фату. Я ликовала, но не оттого, что выхожу замуж за любимого человека, нет, в душе жила радость иного толка. Вот уж отомщу так отомщу. К слову сказать, Дима тоже не испытывал ко мне всепоглощающей любви. Я ему нравилась, но и только. Дима был ленинградец, студент, впереди маячил призрак распределения. В родной город ему возвращаться не хотелось категорически, но в Москве тогда оставляли лишь тех, кто имел столичную прописку. Заполучить же заветный штамп в паспорте Дима мог лишь одним способом — женившись на жительнице столичного мегаполиса. И тут ему подвернулась я, горевшая желанием выйти замуж абы за кого. Вот на такой грядке двое молодых людей решили вырастить цветочек семьи.

За полчаса до регистрации, стоя у дверей загса в белом платье и фате, я увидела, как ко мне, улыбаясь, идет моя первая любовь. В голове судорожно заметались мысли. Так, ну и дура же я! N вернулся! Он на самом деле, наверное, работает в комитете госбезопасности! Государство отправило его в командировку, а я... Что делать? Хорошо, сейчас брошу на пол букет, сниму фату и уйду с любимым. Какое счастье, что он появился именно в тот момент, пока я еще не успела стать супругой абсолютно ненужного мне Демина.

Словно подслушав эти мысли, откуда-то сбоку вынырнул Дима и сказал:

— Знакомься, это мой однокурсник и близкий друг Борис.

Я, с трудом переварив информацию, уставилась на подошедшего вплотную N и поняла, что ему не больше двадцати лет. «Не он, — промелькнуло в голове, — не он, но как похож, просто копия. Если я выйду за этого Бориса замуж, ничего хорошего у нас не получится».

Сами понимаете, с какими чувствами я поставила все необходимые подписи в книге записи актов гражданского состояния и стала законной женой Димы.

Брак продлился считаные месяцы. Очень скоро мы с Димой разбежались в разные стороны, но я ни разу в жизни не пожалела о том, что выходила замуж за Демина, потому что у меня остался сын Аркашка. Аркадий ни разу не видел своего отца. Дима, знавший о рождении сына, исчез из моей жизни навсегда, испарился, словно капля воды на горячей сковородке. Он никогда не платил алиментов, не звонил, не интересовался, как живет мальчик. Думаю, не знает он и о том, что стал дедушкой. А я, даже в самые тяжелые годы, не решилась беспокоить Диму никакими просьбами о материальной помощи, сама вырастила мальчика. В загсе регистрировала ребенка уже после моего разрыва с его отцом, поэтому я не колеблясь дала ему свою фамилию. Мой отец к тому времени уже скончался, и мне показалось очень правильным сделать так, чтобы на земле вновь появился Аркадий Васильев.

Наверное, никто не удивится, узнав, что моим вторым мужем стал Борис. Несколько лет понадобилось, чтобы понять: это не мой мужчина, просто он до оскомины похож на другого, когда-то любимого. Никаких претензий к Боре или обид на него у меня нет. Он старался, как мог, стать хорошим мужем, пытался заработать денег, изо всех сил делал вид, что маленький Аркашка его не раздражает. Но вскоре стало ясно, что мы совершенно разные люди. В советские годы, разводясь, вы должны были указать в анкете причину разрыва, среди прочих существовала такая формулировка: «не сошлись характерами». В отношении нас с Борисом это было чистейшей правдой. Ну представьте себе сапог и перчатку. Безусловно, нужные, хорошие вещи, но вместе они не пара. Вот и мы были такими сапогом с перчаткой и, промучившись рядом несколько лет, решили разойтись. Я очень рада, что Борис нашел вскоре любимую женщину и зажил счастливой семейной жизнью. Он стал доктором наук, известным ученым, добился всего абсолютно заслуженно, ценой собственного труда. Никаких людей, помогших Борису делать карьеру, в ранние годы около него не было. Просто он обладал редкостным трудолюбием, целеустремленностью и веселым вечеринкам предпочитал сидение в библиотеке. Поэтому и дошел до вершин науки. Мне трудно в чем-то упрекнуть Бориса, кроме одного: он не любил Аркашку, и в конце концов, встав перед выбором: сын или муж, я выбрала сына. И еще одно: ну зачем он был так похож на мою первую любовь? Кабы не эта шутка судьбы, я бы спокойно прошла мимо Бориса.

Мой сын родился 29 сентября 1972 года. Совершенно неожиданно в тот день пошел крупный снег, огромные хлопья падали за окном, я смотрела на них, слушая грубые крики акушерки:

— Эй, Васильева, ты здесь не одна, тужься давай!

В тот самый момент, когда мальчик появился

на свет, к окну с внешней стороны подлетел голубь и начал биться в стекло.

— Гляди, — вздохнула акушерка, — чья-то душенька явилась посмотреть на младенца!

Учитывая тот факт, что мой сын появился на свет на сороковой день после смерти Аркадия Николаевича, вы поймете, отчего, услыхав эти слова, я потеряла сознание.

Никаких колебаний, как назвать новорожденного мальчика, у меня не было. Еще до того, как получила в руки тихо пищащий сверток, я знала — это Аркаша.

Честно говоря, с мальчиком мне повезло. В первые годы это был тихий ребенок, практически никогда не плакавший и не просивший есть. Очень хорошо помню, как, принеся его из роддома, я покормила сына, уложила в кровать и, мельком глянув на часы, решила тоже поспать. Стрелки показывали восемь вечера, следующий раз кормить ребенка нужно было через три с половиной часа. Я плюхнулась в кровать, а когда раскрыла глаза, за окном ярко светило солнце, был почти полдень. В полном ужасе я бросилась к кроватке, младенец тихо спал.

Потом я поняла: если не покормить мальчика вовремя, он не станет просить есть никогда.

Академический отпуск в университете я не брала, у меня имелась Фася, которая практически воспитала правнука. Только благодаря бабушке я смогла ходить на занятия, а потом защитить диплом.

В 1974 году я получила книжечку и «поплавок», нагрудный знак ромбовидной формы, который в мое время вручался всем выпускникам МГУ, не знаю, сохранилась ли эта традиция до сих пор.

Нужно было устраиваться на работу. И здесь мне помог муж моей сестры, Владимир Николаевич Ягодкин, он устроил меня переводчицей к генеральному консулу СССР в городе Алеппо, это в Сирии. Если помните Шекспира, то Отелло был мавром из города Алеппо.

Владимир Николаевич рассудил просто: денег у Груни нет совсем. И это правда. После папиной смерти на сберкнижке остались сущие копейки. Отец был человеком щедрым и добрым, он охотно давал в долг, никогда особо не настаивая на отдаче. После его смерти только двое приятелей принесли маме одолженные суммы, остальные только говорили:

— Да, да, Тамара, через недельку, обязательно!

В результате я, новорожденный Аркашка и бабушка-пенсионерка оказались на иждивении Тамары, зарплата которой составляла не слишком большую сумму. Незадолго до смерти мой папа вступил в жилищно-строительный кооператив. Он внес первый взнос за двухкомнатную квартиру и сказал:

— Вот, дочка, построится дом, переедешь туда. Сейчас я подпишу договор на новую книгу и оплачу «двушку» полностью.

Но сделать дочке царский подарок папа не успел, вот Владимир Николаевич и решил мне помочь.

— Поедешь на два года, — изложил он свой план, — заработаешь на мебель, выплатишь полностью пай, а потом станешь спокойно работать в какой-нибудь «Московской правде», поди, плохо?

Ягодкин был по тем временам почти всесилен, поэтому я и оказалась в консульстве. Замкнутый мир советской колонии за рубежом — это тема для отдельной книги. Скажу только, что нравы, царившие в генеральном консульстве, показались мне отвратительными. Впрочем, я никогда не собиралась делать дипломатическую карьеру, просто приехала подзаработать. И еще мне страшно повезло: основная масса сотрудников жила при миссии, но нескольким переводчикам в общежитии места не нашлось, поэтому я жила в городе, в доме, населенном арабами. Это было счастьем.

Рабочий день в консульстве длился с восьми утра до двух часов дня, потом следовал перерыв, и к восемнадцати требовалось вновь идти на службу, но не каждый день. Еще консул частенько ездил в командировки, и его в них сопровождал другой «толмач» — мужчина. Я же могла в это время делать что хочу.

В очень короткий срок я познакомилась с соседкой, девушкой по имени Сухилья. Ее французский язык оставлял желать лучшего, но мы разговаривали без особых проблем. Впрочем, я моментально освоила азы арабского, и диалог в магазине, на рынке, в городе способна была вести на языке сирийцев. Самое интересное, что я помню кое-какие обороты и сегодня. Мы с мужем совсем недавно, находясь на отдыхе в Тунисе, решили купить золотую цепочку. В арабском мире принято торговаться, я после Сирии делаю это виртуозно и очень хорошо знаю, если торговец начинает орать: «Ты грабишь мою семью и детей», — нужно незамедлительно уходить. Следующий этап: лавочник бежит за вами и называет приемлемую цену.

В Тунисе я, естественно, разговаривала на французском языке. Сбив цену за украшения с трехсот долларов до пятидесяти, я утомилась и стала пить воду. Торговец ухмыльнулся и спросил у хозяина по-арабски:

— Ну и до какой суммы скинуть цену?

— Можешь до двадцати, — зевнул тот.

Араб снова повернулся ко мне:

— Последнее тебе слово — сорок!

Я отозвалась на его родном языке:

— Не обманывай! Хозяин велел отдать цепочку за двадцать!

Лавочник чуть не умер, он принялся тыкать в меня пальцем и орать:

— Эта! Эта! Эта говорит по-нашему.

В результате на меня пришло смотреть полрынка.

Оказавшись в Сирии, я окунулась в чужую ментальность. В каких-то вопросах мы с Сухильей были неспособны понять друг друга.

— У вас все делает одна жена? — ужасалась она. — Стирает, готовит, убирает, рожает детей? Какой кошмар!

Я же категорически не соглашалась, что у мужчины должно быть минимум три супруги.

— Ну пойми, — втолковывала мне Сухилья, — вот муж ушел работать, а ты осталась дома одна? Тоска, ни поговорить, ни кофе попить...

— Но я не стану сидеть дома!

— Куда же ты денешься?

— На работу уйду!

Сухилья замахала руками:

— С ума сошла! Замужняя женщина должна хозяйство вести, детей рожать! Посмотри на нашу семью!

У отца Сухильи было три жены, и я до самого отъезда так и не поняла, кто из них мать моей подруги. Глава семейства возвращался домой, держа в руках одинаковые коробочки со сластями. Жил гарем на редкость дружно. Где-то в полдень с их террасы долетал запах кофе, и я, перегнувшись через перила, могла наблюдать, как дамы со спицами в руках вкушают бодрящий напиток, заедая его халвой и жирным печеньем. Не знаю, как сейчас, но в те годы в Сирии замужняя дама весом менее центнера считалась просто позором для семьи. Окинув стройную фигуру немолодой тетки, все встреченные старухи начинали укоризненно цокать языками, в спину худышке летели упреки:

— Видно, муж совсем беден, коли не может накормить тебя.

Один раз Сухилье пришла в голову идея показать мне мечеть. Иноверке нечего было и мечтать о том, чтобы попасть внутрь мусульманского храма. Но Сухилья ловко вышла из положения. Она нарядила меня в национальную одежду. Процесс одевания занял целый час, не меньше. Сначала я натянула нечто напоминающее кальсоны, потом шаровары с тугими резинками на поясе и щиколотках, затем свободную кофту, потом что-то типа жилетки. Сверху надевалось пальто, длиной много ниже колен, на руки — перчатки. Рукава пальто, как и шаровары, имели резинки, и перчатки следовало тщательно под них заправить. Волосы спрятали под платок, он прикрывал лоб, на ноги я надела неудобные тапки на плоской подметке. А поверх всего Сухилья набросила паранджу. Не путайте с чадрой! Последняя — это всего лишь небольшой кусочек материи, скрывающий рот, нос и подбородок. Глаза остаются открытыми. Паранджа же укутывает всю вашу голову и свисает ниже пояса. Я с моими ярко-голубыми очами никак не могла разгуливать по городу в чадре. За два с половиной года, проведенные в Сирии, мне ни разу не встретилась коренная жительница со светлыми глазами.

Обряженная в абсолютно черные тряпки, я чуть не скончалась от духоты, но Сухилья меня успокоила:

— Потерпи секунду, сейчас станет легче.

И правда! Не успели мы выползти на раскаленную улицу, как мне, вот парадокс, стало прохладно. Горячий, сухой воздух с улицы не проникал под многослойную одежку. Обрадовавшись, я понеслась вперед. Сухилья мгновенно дернула меня за рукав и прошипела сквозь зубы:

— Ты что делаешь!

— Иду в мечеть, — недоуменно ответила я.

— Так нельзя!

— Почему?

— Ты шагаешь, как мужчина, посмотри вокруг.

Я оглянулась. Действительно, облаченные в черное фигуры семенили мелкими шажочками, опустив вниз головы. Скорректировав походку, я дотащилась до лавчонки, решила купить бутылку воды, и меня вновь одернула Сухилья:

— Зачем тут встала?

— Вот решила минералки выпить.

— И как ты собираешься пить ее?

— Ну просто, — растерялась я, — откручу пробку и вперед!

— Это совершенно невозможно, — зашептала Сухилья.

— Но почему?

— Нет бога на свете, кроме Аллаха, и Мухаммед пророк его! — в сердцах воскликнула подруга. — Тебе же придется приподнять паранджу, это неприлично.

Пришлось отказаться от воды, роль арабки нравилась мне все меньше и меньше. В полном молчании мы доехали до старых кварталов и углубились в кривые переулки. Улочки становились все уже и уже. По их бокам тянулись канавы, наполненные нечистотами, и запах стоял соответствующий.

Через некоторое время мы увидели чудную картину: на обочине сидит тетка и справляет нужду.

Несмотря на приказ молчать, я возмутилась:

— Нет, какое безобразие, вот почему тут так грязно!

Сухилья совершенно спокойно отреагировала на увиденное:

— Рядом рынок, а крестьяне не станут тратить денег на туалет.

— Но как ей не стыдно сидеть в таком виде на улице! — продолжала негодовать я.

— Лицо же прикрыто, — пожала плечами Сухилья, — вот его открыть при посторонних ужасно, а то, что мы видим сейчас, — ерунда! В туалет ходят все.

— Значит, обнажить «нижний этаж» прилюдно можно, а лицо нет?

Сухилья кивнула, и мы пошли дальше. С той минуты в моей душе поселилась твердая уверенность: я никогда не стану своей в Сирии.

С Алеппо связано у меня еще одно воспоминание. Один из советских журналистов повел меня к известной на всем Ближнем Востоке гадалке.

— Пошли, — уговаривал он, — говорят, она всем такое сообщает!

Знание будущего меня не привлекало, я совершенно не верила колдунам, ведьмам и раскинутым картам. Выросла я среди атеистов. Икона, маленькая, имелась только у Фаси, бабушка каждый вечер молилась. Я же, сначала пионерка, а потом комсомолка, страшно возмущалась и советовала ей:

— Немедленно перестань! Вот, почитай Дарвина, все люди произошли от обезьяны!

Бабушка сначала молчала, ей явно не хотелось

вступать в бесполезный спор с радикально настроенной внучкой, но потом она не выдержала и ответила:

— Знаешь, детка, все же приятнее думать о том, что человека создал господь. Обезьяны в качестве предков не слишком мне нравятся.

Но никаких религиозных знаний мне в голову бабушка не вкладывала, поэтому я выросла абсолютно незнакомой с церковью. Единственное, что я знала, — Пасху. На этот праздник бабушка всегда пекла удивительно вкусные куличи.

Поэтому идея похода к гадалке меня не прельщала, но журналист буквально силком отволок меня к ее домику.

Внутрь вела ужасно низкая и узкая дверь. Я вползла в помещение почти на коленях и увидела тетку, абсолютно седую, без всякого головного убора и чадры, восседавшую возле огромной грязной кастрюли. Моего арабского не хватало для полноценного разговора, но журналист спокойно изъяснялся на сирийском диалекте. Он начал что-то втолковывать женщине, та отпихнула его, схватила меня за руку и подтянула к котелку.

— Эта ведьма отказывается иметь со мной дело, — протянул спутник, — а тебе станет гадать.

— Ну-ка погляди в воду, — велела ведунья. — Что там видишь?

Я обозрела мутную жидкость, на поверхности которой колыхались щепки, и ответила:

— Ничего.

— Правильно, тебе не дано, а я вот вижу: у тебя родится дочь.

Я подавила смешок. Да уж, славная гадалка. У меня к тому времени развалился и второй брак, замужней женщиной я считалась только на бумаге. У меня был сын Аркашка, алименты я не получала. Замуж еще раз я не собиралась выходить. Решила, что двух попыток с меня хватит. Значит, зверь по имени Груня Васильева в неволе не живет. Родить девочку в такой ситуации было куда как кстати!

Очевидно, на моем лице отразилось недоумение, потому что гадалка хмыкнула и продолжала:

— Всего у тебя будет трое детей, но родишь ты еще только девочку.

Я развеселилась окончательно, ну и цирк. Значит, Аркашка у меня есть, девочка родится, а третий-то откуда? Сам, что ли, придет и в дверь постучит?

— В сорок пять лет ты очень тяжело заболеешь, — как ни в чем не бывало продолжала ведунья, — все вокруг станут говорить о твоей неминуемой смерти, но никому не верь. Жизни тебе до 104 лет, а потом...

Тут она запнулась, помолчала немного и слегка растерянно добавила:

— Не пойму никак, похоже, ты вовсе не умрешь!

Вот здесь уж я не сумела сдержаться и начала хохотать.

Гадалка зыркнула на меня карими глазами и продолжила:

— Во второй половине жизни, после пятидесяти, станешь обеспеченной женщиной, материальное благополучие придет к тебе от правой руки и не покинет до могилы.

— Наверное, выйду замуж за члена ЦК, — захихикала я.

— Вовсе нет, — терпеливо поправила колдунья, — мужчины не принесут тебе денег, хотя мужа найдешь и станешь счастливой. Вообще-то я первый раз встречаю такого удивительно везучего человека, впереди тебя ждут бедность, болезнь, отчаяние, но потом, после пятидесяти лет, сплошное счастье.

Я очень заинтересовалась прогнозом. Правда, цифра 50 показалась мне ужасной. Мне тогда едва исполнилось двадцать два года. Но ведь приятно, когда тебе обещают полное счастье впереди.

— И чем же я стану заниматься?

Гадалка сделала странное движение рукой и пожала плечами:

— Не понимаю, не спрашивай! Что-то такое...

На этом гадание закончилось. Журналист, который старательно переводил наш диалог, принялся приставать к ведьме.

— Давай! — забубнил он. — Погадай мне!

Женщина покачала головой. Приятель пытался и так и этак уговорить ее. В конце концов он бросил на столик сто долларов, большую сумму для Сирии. Гадалка усмехнулась, спрятала купюру, потом вымолвила несколько фраз и плюнула в воду. Журналист переменился в лице и молча вышел из домика, я бросилась за ним.

— Что она тебе сказала?

Приятель мрачно ответил:

— Перевожу дословно: «Не хотела твое будущее трогать, сам напросился. Тебе жизни пятьдесят два года».

Я уставилась на него и заморгала. Мой знакомый как раз недавно справлял день рождения — сорок девять лет.

Молчание затянулось, потом из меня полились слова утешения:

— Господи, наплюй, она дура! Нет, слышал, чего она мне наобещала? С ума сошла!

— Действительно, — повеселел журналист, — глупости!

Через три года, я уже жила в Москве, мне позвонил Леня Райзман и сказал:

— Слышала? «С» привезли из Афгана в цинковом гробу! Какая-то таинственная желудочно-кишечная инфекция, наши врачи не умеют такую лечить!

Я не удивилась. Тот журналист был очень беспечен. Он абсолютно спокойно пил местную воду, наливал кружку прямо из-под крана и отмахивался от окружающих, предупреждавших:

— Послушай, ведь это опасно, лучше купи бутылку минералки.

Еще мой приятель мог отправиться на рынок, купить там у уличного торговца «шиш-кебаб», сделанный грязными руками из непонятного мяса, и тут же слопать его. Думается, он и в Афганистане не изменил своим привычкам, поэтому я понимала, что желудочно-кишечная инфекция была в его случае неминуемой. Ужасно, конечно, умереть в пятьдесят два года, но этому факту имелось вполне здравое объяснение. И я посчитала все произошедшее простым совпадением.

Потом, в 1986 году, у меня появилась дочь. Звонок прозвенел во второй раз, и снова я прогнала прочь привидевшуюся гадалку. Ну подумайте сами, выбор-то у нее был всего из двух «наименований» — мальчик или девочка. Снова совпадение.

Едва успев справить сорок пятый день рождения, я услышала очень неприятный диагноз от лечащего врача — рак. Доктор упорно отводил глаза, что-то бормотал о тяжелой стадии... Звонок прозвенел в третий раз, и я решительно сказала хирургу:

— Нет, не надейтесь, я не умру. Мне жить до 104 лет.

Онколог слегка опешил и абсолютно непрофессионально спросил:

— С чего вы это решили?

— Мне нагадали долгую жизнь, — ответила я.

Трудно описать вам выражение глаз врача. Скорей всего, он посчитал больную за дуру, но я-то твердо знала, что гадалка сказала правду.

Подтвердились и другие ее предсказания. Материальное благополучие и впрямь пришло ко мне от правой руки: я стала писать книги. Поразмыслив над ситуацией, я поняла, отчего гадалка не смогла определить род моей будущей деятельно-

Фотографий, запечатлевших родственников со стороны моего отца, осталось мало. На этом снимке старшая сестра отца Ольга, их мать Агриппина, мой отец Аркадий и его бабушка Дарья. Несмотря на вид мальчика-тихони, отец был редкостным безобразником, из-за своей шкодливости он сумел окончить только два класса церковно-приходской школы. Из третьего был выгнан с позором за то, что подсыпал преподавателю в нюхательный табак перец.

Моя
бабушка
Агриппина.

Отец мамы Стефан Новицкий в своем кабинете.

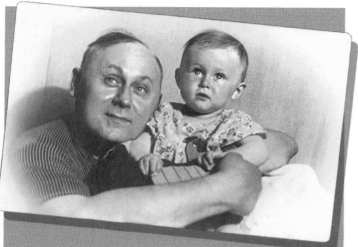

Это мы с папой, похожи, словно близнецы. Иногда отец говорил матери: «Будешь скандалить, скажу, что Грушенька не от тебя». И правда, я вся пошла в папу.

Редкое фото совместного отдыха с папой. Мы в Кисловодске. Справа бабушка Фася, слева ее племянница Надя, посередине я и Аркадий Николаевич.

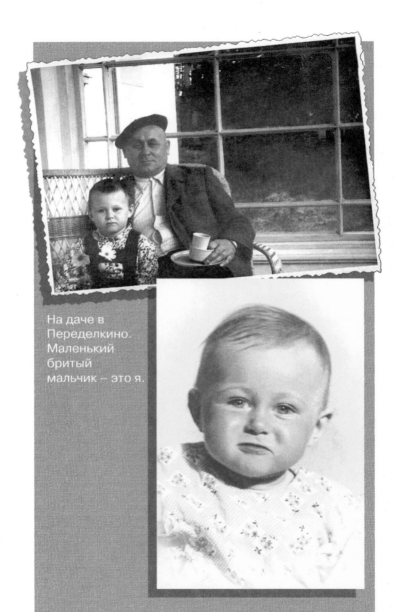

На даче в
Переделкино.
Маленький
бритый
мальчик – это я.

А это я. В детстве я очень редко плакала, в
основном смеялась.

Папа и
мама на
той же
даче и на
том же
диванчике.

Отец в год моего рождения.

На одном фото я с мамой, на другом – с бабушкой. В те годы сниматься ходили в ателье. Мне там очень не понравилось, душно и скучно… В результате я раскапризничалась, и бабушка пообещала мне купить мороженое.

Поэтому пусть вас не смущает мой элегически-серьезный вид. Все мысли у Грушеньки сейчас только об эскимо.

Крым. Коктебель.

Там же вместе с маминой ближайшей подругой, певицей Геленой Великановой, и ее дочерью Леночкой.

Самое интересное, что игрушечка, которую я держу в руках, жива до сих пор. И еще помню, как бабушка всегда говорила: «Грушенька, не тряси головой, а то бантик свалится, ему же держаться не на чем».

Закончен четвертый класс. В результате обильных рыданий мне поставили, абсолютно незаслуженно, «три» по математике. Если честно, сей предмет ученица Васильева не знала даже на двойку.

Многие думают, что на этом фото мой сын Кеша, но это я.

В теннис играть не умела никогда, и то, каким образом мне в руки попала ракетка, осталось непонятно.

На даче в Переделкино. На руках у меня кошка Лора, страстная любительница шпрот, обладательница на редкость гадкого характера и скверных привычек. Если вы забывали в кресле шарф, шаль или вязанье, Лора незамедлительно раздирала вещи когтями.

Фото сделано зимой, я учусь в десятом классе. На мне куртка, привезенная мамой из Канады, по тем временам раритетная вещь. Одна из маминых подруг, тетя Ася, просила ее у меня, собираясь в санаторий. Я всегда давала ей куртку, и тетя Ася выглядела на отдыхе лучше всех.

Школьный спектакль "Грибной переполох". Я вся в черном изображаю поганку.

Летом я работала в Переделкино, в библиотеке, которую создал Корней Иванович Чуковский. Я проводила там, как многие дети, экскурсии. Мы рассказывали о книгохранилище, показывали картины. На фото отдыхающие из расположенного неподалеку от писательского городка санатория.

С папой
в Переделкино.

Детский праздник в квартире Миши Бартенева-Вольпина. Мишка, естественно, одет медвежонком, я – лисичкой.

Фото сделано во время выпускных экзаменов в школе.

Абсолютно постановочный снимок, сделанный фотокорреспондентом у отца в кабинете. Мы никогда не работали с папой вместе.

сти. Арабский мир пишет справа налево, а мы наоборот, вот она, непостижимым образом увидев Дарью Донцову за работой, и не поняла, чем та занималась.

Я прожила в Сирии два с половиной года, вернулась в Москву, обставила новую квартиру, перевезла туда маленького Аркашку, и у меня началась совсем другая жизнь.

Муж моей сестры, Владимир Николаевич Ягодкин, в 1977 году уже оказался на пенсии. Он болел диабетом и поэтому рано ушел с работы. Последнее, что он успел сделать для меня, — пристроить в газету «Вечерняя Москва» корреспондентом на гонорарной оплате. Мне не дали постоянного оклада. Что натопаешь, то и полопаешь, журналиста ноги кормят — это про корреспондента на гонорарной оплате. Получает он деньги лишь за опубликованные статьи, и все. Сотрудники, сидевшие на твердом окладе, были намного богаче. Вообще говоря, они могли ничего не писать, валять весь месяц ваньку, но два раза, пятого и пятнадцатого числа, подойти к кассе и получить свои сто двадцать рублей. Если же им еще выписывался и гонорар, то сумма вознаграждения возрастала на сорок-пятьдесят целковых.

Я же получала только те целковые, без оклада.

Очень хорошо помню свой первый день в «Вечерке». Меня привели в отдел информации и явили пред светлые очи заведующего Володи Пахомова. Володе было тогда сорок лет с гаком, мне двадцать пять.

Пахомов, толстый, лысый, мрачный, страшно похожий на бегемота, пожевал губами и сказал:

— Ну... не знаю, чем ты тут станешь заниматься... Начальству видней... ладно, привели — работай. Только прописаться надо.

Я сгоняла в магазин, купила водки и немудреной закуски. Сотрудники тщательно заперли дверь, разлили «огненную воду» и выжидательно уставились на новенькую.

— Э... — забубнила я, — понимаете, я вообще не могу пить! Ни капли.

Повисла нехорошая тишина, я просто видела, как в мозгу у будущих коллег бьется лишь одна мысль: стукачку подсунули, сейчас хлопнем, разговоримся, а эта дрянь понесется в первый отдел с доносом.

Понимая, что делать нечего, я схватила стакан и заявила:

— Ладно, сейчас опрокину его на ваших глазах, сами поймете!

Горячая струя пронеслась по пищеводу, упала в желудок, больше ничего не помню. Потом присутствующие рассказали, что, сделав глоток, я сильно побледнела, поставила стакан на стол и без всяких звуков свалилась со стула на пол.

Больше Грушеньке никогда не давали пить, на всех праздниках я глотала «Буратино».

— Хорошо иметь в отделе трезвенницу, — радовался Пахомов, — и посуду уберет, и нас прикроет в случае чего...

Пили в «Вечерке» по-черному. Главные алконавты скопились в нашем отделе. Впрочем, в других подразделениях их тоже хватало. На каждой летучке заместитель редактора Михаил Козырев, убежденный сторонник трезвого образа жизни, разражался гневным спичем, обличающим выпивох. Отчего-то его речь всегда начиналась словами:

— В моем доме винный магазин! И кого же я вижу там в очереди? Только наших сотрудников! Это безобразие... Ля-ля-ля...

Козырев жил в двух шагах от редакции, и винный магазин в «Вечерке» иначе как «Мишкин дом» не называли.

Большим любителем выпить был и легенда советской журналистики, ответственный секретарь газеты Сева Шевцов. Сева пил коньяк, наливал его в стакан, бросал туда чайную ложечку и прихлебывал спиртное как чай.

Газета выходила каждый день, и у меня очень скоро возникло ощущение мыши, попавшей в мясорубку. Чтобы заработать шестьдесят рублей в месяц, требовалось писать в каждый номер. Сейчас корреспонденты могут сотрудничать сразу во многих изданиях, тогда это запрещалось.

Вот и приходилось крутиться колесом, добывая информацию. Никто мне никаких поблажек не делал, на юный возраст внимания не обращал и как мать-одиночку не жалел.

Денег у меня не было никогда. А те, что попадали в руки, улетали на Аркашку. Маленький мальчик стремительно рвал ботинки, снашивал брючки и хотел игрушек. Помощи ждать было неоткуда, бабушка и мама сами были нищие, словно церковные крысы... И потом, во мне неожиданно подняла голову польская гордыня. Проснулись гены дедушки Стефана. Я просто не могла никому сказать, как мне плохо, отчего-то казалось стыдным жаловаться. Бедность моя в тот период была такова, что картошку приходилось покупать не килограммами, а по счету. Я говорила продавщице:

— Взвесьте мне четыре штуки. — И потом быстро добавляла: — Тяжело нести полную сумку.

Мне очень не хотелось, чтобы кто-нибудь догадался, до какой нищеты я дошла. Прожить на шестьдесят рублей в месяц вместе с ребенком тогда было невозможно. Получив свои заработанные копейки, я шла в гастроном и покупала крупу, макароны и чай. Колбаса, сыр, сливочное масло, фрукты, мясо — все было мне не по карману. Одно яблоко я делила Аркашке на два дня, мандарины случались лишь на Новый год. Но если прокормиться все же как-то удавалось, то одеться прилично не получалось. В семидесятые годы в советской стране не было магазинов секонд-хенд, за новую юбочку следовало выложить рублей сорок, обувь вообще стоила запредельных денег, сапожки тянули на сто двадцать целковых. Очень скоро я превратилась в оборванку.

На лето у меня имелись парусиновые тапки на резиновом ходу, которые быстро потеряли приличный вид. Я стирала их каждый вечер, утром надевала полувысохшими и бежала на работу. Потом, вспомнив рассказ Лили Брик о том, как она в

20-е годы приводила в порядок свою обувь при помощи разведенного зубного порошка, я купила его в аптеке и нанесла на серую парусину белую жидкость. Тапочки просто засверкали, выглядеть они стали великолепно. Обрадовавшись, я надела их и побежала на работу. И тут, как на грех, пошел проливной дождь. Я неслась к метро, оставляя за собой белые потеки, от красоты не осталось и следа.

Осенью и весной я носила жуткие коричневые ботинки, которые коллеги по «Вечерке» называли «чемоданы».

— Отчего бы тебе не купить себе сапоги? — недоумевала очень обеспеченная, вся из себя разодетая Марина М. — Сейчас есть вполне приличная советская обувь!

Сама Марина, жена преуспевающего режиссера, не испытывала материальных трудностей, а мне не хотелось говорить ей правду, поэтому я презрительно морщила нос и заявляла:

— Много ты понимаешь! Такие ботинки на пике моды! Да они стоили мне двести рублей! Италия! Фирма!

Когда сотрудники отдела информации отправлялись в столовую, я оставалась за столом. Комплексный обед стоил сущую ерунду, пятьдесят копеек, но он был мне не по карману. Если же Нелли М., вполне обеспеченная, благополучная, замужняя женщина, начинала приставать ко мне со словами: «Пошли перекусим! Эй, чего сидишь, вставай!» — я, чтобы она отвязалась, фыркала: «Фу! В столовке жуткая гадость! Не могу такое есть, лучше попозже схожу в Дом литераторов, в ресторан!»

Потом, где-то часа в три, когда столовая пустела, я прибегала туда, хватала пару кусков хлеба, который давали бесплатно, и, сказав кассирше: «Вот черт, решила бутербродиков похомячить, колбаску с сыром нарезала, а батон прихватить забыла», уносилась назад.

Хлеб я быстренько съедала в коридоре и со счастливым выражением на лице возвращалась в комнату. Самое интересное, что окружающие мне верили. Груню Васильеву в «Вечерке» считали вполне обеспеченной писательской дочкой с легкой придурью в голове. Никто не замечал дырок на кофточках, впрочем, я моментально вышивала на прохудившемся месте цветочки. Для того чтобы сэкономить на колготках, я никогда не носила юбки и не пользовалась косметикой. Отсутствие духов я объясняла аллергией. Хуже всего мне пришлось зимой 1980 года. Дубленка, привезенная из Сирии, окончательно развалилась, и у меня осталась лишь коротенькая, до пупа, курточка из искусственной собачки. Как назло, в том ноябре ударили на редкость жестокие морозы. Натянув «собачку», я неслась к метро, чувствуя, как немеет нижняя часть тела. В вагон я влетала, ощущая себя эскимо, и тихо оттаивала до станции «Улица 1905 года», потом мне предстоял еще один марш-бросок до здания, где располагалась «Вечерка». Куртенку я всегда оставляла в общем гардеробе, там, где раздевались посетители, просто не могла в этом наряде подняться в кабинет и повесить ее около красивых пальто с меховыми воротниками, которые принадлежали коллегам.

Наверное, я притворялась весьма успешно, потому что ко мне как-то раз подошла одна дама из отдела литературы и искусства. Понизив голос, она спросила:

— Груня, не хочешь купить шубу? Я привезла дочери каракулевое манто, да просчиталась с размером, ей мало, тебе как раз будет.

Я моментально отреагировала:

— Каракуль старческий мех, я предпочитаю норку, люблю пушистое.

Дама кивнула:

— С твоими объемами можно надеть все!

Это было правдой, я весила в те годы сорок два килограмма.

Вообще говоря, худенькой я была всегда, исключая один год, когда набрала семьдесят пять килограммов. Случилось это со мной во время первой беременности.

Вам и представить себе трудно, сколько я ела в тот период. Рот у меня просто не закрывался. Сначала я завтракала, потом шла к Машке, перекусывала у нее, возвращалась домой и прилипала к холодильнику. В сумочке лежали шоколадки, ночью я бегала на кухню и огромной ложкой наворачивала овсяную кашу, сваренную для пуделихи Крошки, потом брала батон, разрезала его пополам, мазала маслом, посыпала сахаром и шла в кровать с «бутербродом».

Результат не замедлил сказаться. Когда, вернувшись из роддома, я встала на весы, стрелка закачалась возле отметки «75». Начав обжираться, я уже не могла остановиться и продолжала ночные набеги на холодильник. Толстой себя я не считала, на диету садиться не собиралась. Но потом случилась встреча, заставившая меня взглянуть на себя со стороны.

Один раз я гуляла с Аркашкой по Переделкину и столкнулась с одной писательской женой, дамой редкой тучности. Она стала присюсюкивать при виде младенца, делать ему «козу» и сказала:

— Какой очаровательный малыш, а ты, Грушенька, похорошела, пополнела. Я тоже до первых родов походила на сушеную воблу, а после появления дочки приобрела свои формы и теперь живу красавицей.

Я уставилась на приветливую даму и ощутила ужас. Слоновьи ноги растут из огромной колыхающейся задницы, на животе лежит подушкообразная грудь, шея отсутствует, голова покоится прямо на жирных плечах, руки напоминают окорока... Одним словом, сильнее потрясения я в своей жизни не испытывала.

Домой я явилась в глубокой депрессии и, поразмыслив над ситуацией, поняла, что совершенно не хочу походить на помесь бегемота с доменной печью. Нужно похудеть, но как? Шел 1973 год, никаких книг по лечебному голоданию в СССР не водилось, о Брэгге и Шелтоне мы не слыхивали, о «кровавой» диете не имели понятия. Женские журналы, коими считались «Крестьянка» и «Работница», усиленно пропагандировали на своих страницах мысли о том, что в первую очередь следует хорошо трудиться, строя социалистическое общество, а уж фигура дело десятое.

Я, желая как можно быстрее избавиться от «бубликов» сала, пребывала в растерянности: с чего начать? И тут я вспомнила о близкой маминой подруге, польской писательнице Кристине Живульской, легендарной личности, еврейке с голубыми глазами и ярко-рыжими волосами. Редкий для семитки «окрас» спас ей жизнь. В начале 40-х годов фашисты отправили Кристину в лагерь смерти Освенцим. Там ее, приняв за польку, не сожгли сразу, как всех евреев, в крематории, а отправили в барак. Кристина, болезненная женщина, все детство игравшая на скрипке, оказалась человеком с удивительно сильным характером. Она выжила в аду и еще спасла свою подругу Стефку. Тетя Стефа, тоже бывавшая у нас в доме, рассказала мне эту историю.

— Я заболела тифом, — повествовала Стефа, — и меня поместили в больницу. Там, естественно, никого не лечили, просто бросали на нары по пять-шесть больных, и все.

Стефа тихо ждала смерти. Ночью к ней прокралась Кристина и сказала:

— А ну вставай!

— Не могу, — простонала Стефка. — Да и зачем?

— Понимаешь, — объяснила Кристина, — сегодня на плацу я встретила Беату Ковальскую, она тоже тут, в Освенциме, работает в администрации.

Если мы сейчас явимся к ней, Бетка найдет наши регистрационные карточки и переправит возраст.

Стефа уставилась на подругу.

— Переправит возраст? — переспросила она.

— Ага, — кивнула Крися. — Мы с тобой 1907 года рождения, а станем 1917-го. Вместо тридцати пяти лет — двадцать пять! Это же отлично!

— Крися, — простонала Стефа, — я умираю от тифа и голода в лагере смерти, мне совершенно все равно, в каком возрасте я окажусь в печи крематория.

— А мне нет! — рявкнула Кристина, спихнула лучшую подругу с нар и вытолкала во двор.

Пришлось Стефе ползти на животе по жидкой осенней грязи через плац, к зданию администрации. Но самое интересное состояло в том, что, добравшись наконец до Беаты и став на десять лет моложе, Стефка поняла: тиф испарился без следа. Ну такого просто не могло быть! Она вылезала из ревира[1] с температурой сорок, а вернулась назад совершенно здоровой, болезнь, очевидно, испугавшись сумасшедшей Кристины, испарилась без следа!

Потом они обе стали литераторшами. Кристина — мастер смешных рассказов, но имелась у нее и книга «Я пережила Освенцим», написанная, вы не поверите, с юмором.

Так вот, когда в нашем доме за столом собирались тучные писательские женушки, разговор не-

---

[1] Ревир — больница в Освенциме.

изменно скатывался к одной теме: кто на какой диете сидит.

— Ах, — закатывали глаза дамы, — ну ничегошеньки не едим! А результата нет!

Кристина, ставшая один раз свидетельницей подобного разговора, спокойно сказала:

— В нашем бараке тучных не было. Жри меньше, должно помочь!

Решив использовать ее книгу воспоминаний в качестве пособия по голоданию, я внимательно изучила страницы, где описывался рацион заключенных. Собственно говоря, много времени я не потратила. Меню оказалось кратким. На день выдавали сто двадцать граммов серого хлеба и три кружки кипятка, естественно, без сахара. По воскресеньям рацион дополнялся супом из одной капусты.

Я отправилась в булочную, купила кирпич ржаного, поделила его на несколько частей и приступила к голодовке.

Сейчас понимаю, какого дурака я сваляла, не вздумайте последовать моему примеру. Только лошадиное здоровье позволило мне выйти из «эксперимента» без потерь.

Утром я пила кипяток, им же обедала, а на ночь съедала кусок хлеба. Через неделю мне начала сниться еда. Я глотала во сне огромными кусками котлеты, ела половником кашу и истребляла десятками пирожные. До сих пор не понимаю, каким образом мне удалось продержаться на таком рационе три месяца. Еще хорошо, что на дворе стояло лето и организм не тратил калорий на обогрев тела.

Мама в то время находилась в командировке, я села на диету после ее отъезда. Когда 30 августа я встретила ее на Белорусском вокзале, от меня осталась бледная тень весом в сорок девять килограммов.

Тамара вышла из вагона, скользнула по мне взглядом и сердито сказала Вахтангу Кикабидзе:

— Ну, Груня, вот безголовая! Ведь я звонила, напоминала ей, просила встретить! И, пожалуйста, нет ее!

Я кашлянула:

— Мама, здравствуй!

У Тамары в глазах заплескался такой ужас, что Буба Кикабидзе мигом сказал:

— Спокойно, Тома, сейчас все лечат!

С тех пор я больше никогда не толстела, мой вес плавает между сорока восемью и пятьюдесятью одним килограммами.

Но в годы работы в «Вечерке» он упал ниже нижней отметки, и я по виду напоминала лыжную палку.

Поняв, что могу просто умереть с голода, я решилась на отчаянный шаг, надумала попросить помощи у папиного друга Михаила. Этот человек, в то время главный редактор одного толстого журнала, часто бывал в нашем доме, правда, после смерти отца его визиты прекратились, но, изредка сталкиваясь со мной на дорожках Переделкина, он всегда раскрывал объятия и говорил:

— Деточка, если тебе нужна помощь, сразу приходи. Я ведь председатель комиссии по литературному наследству Аркадия Николаевича.

Дойдя до крайней точки, я решилась позвонить Михаилу. Секретарша долго не допускала меня к своему начальству: «Занят, позвоните завтра», «Уже уехал, будет во вторник», «Пожалуйста, через неделю». Домой к нему я стеснялась идти, но потом набралась смелости и услышала от его жены:

— Обращайся на службу.

Наконец недели через две я отловила Михаила, подстерегла его у подъезда, где располагалась редакция журнала, и буквально кинулась в ноги со словами:

— Помогите!

Он нахмурился и сухо спросил:

— Что случилось?

— Мне надо с вами поговорить.

— Слушаю.

Я растерялась:

— Прямо на улице?

Михаил постучал пальцем по часам:

— Меня ждут в ЦК.

Захлебываясь словами, я изложила ему свои беды и попросила:

— Устройте, пожалуйста, меня на работу с постоянным окладом.

На лице Михаила застыла гримаса. Он молча оглядел дочь умершего друга и сказал:

— Понимаешь, в моем журнале свободной штатной единицы нет!

После чего он нырнул в черную «Волгу» и укатил, а я осталась стоять на тротуаре, с трудом переваривая услышанное. Ведь я не просилась к нему в издание...

Следовало понять, что помогать мне не станут, но я была наивна и предприняла еще одну попытку. На этот раз я обратилась к другому папиному другу, Генриху Г. Вот уж кто любил Грушеньку. Всегда обнимал в ЦДЛ и приговаривал:

— Какая ты красавица!

Генрих в отличие от Михаила принял меня сразу, выслушал мой рассказ и спросил:

— Ты к Мише обращалась? У него полно возможностей.

Пришлось рассказать историю предыдущего похода.

— Какой мерзавец! — возмутился Генрих. — Сволочь! Не волнуйся, отольются ему твои слезы. Будь спокойна, устрою тебя очень хорошо, на двести пятьдесят рублей, пойдет?

Услыхав невероятную цифру, я не сумела вымолвить ни слова, только закивала головой, словно китайский болванчик. Бог мой! Две с половиной сотни! Мы с Аркашкой станем феерически богаты!

— Значит, так, — деловито сказал Генрих, — звони мне через неделю, и пойдешь на службу.

Как на грех, мне именно в тот день выдали зарплату. Я полетела в «Елисеевский» и накупила вкусного, того, что давно уже не позволяла себе. В кошельке осталось всего два рубля, но это меня не пугало. Впереди маячило богатство.

Через неделю жена Генриха сообщила мне:

— Он уехал, будет через девять дней!

Следующие два месяца я безуспешно отлавливала его, он просто испарился. Наша встреча произошла совершенно случайно, на выставке, которую открыл один из музеев. Явившись в качестве корреспондента на вернисаж, я обнаружила в зале Генриха, торжественно разрезавшего ножницами красную ленточку.

Улучив момент, я дернула его за рукав.

— А, деточка! — обрадовался Генрих. — Что же ты не звонишь?

— Но вас никогда нет!

— Глупости!

— Как насчет моей работы? — робко поинтересовалась я.

— То место уже занято!

Я чуть не заплакала:

— Вот досада!

— Сама виновата! Не нашла меня, вот я и решил, что необходимость в службе отпала.

Из моих глаз закапали слезы.

— Ерунда, — стал утешать меня Генрих, — устрою тебя на лучшее место! Триста пятьдесят рубликов в месяц? Пойдет?

Я молча смотрела в его простовато-хитрые глазки. Наконец-то до наивной «чукотской» девушки дошло: помощи ждать неоткуда.

— Позвони через десять дней, и выйдешь на службу, — деловито закончил тот, кто считался папиным другом.

Я молча двинулась к двери. Похоже, в этой жизни нельзя никому верить, и ничего ни у кого просить не надо.

— Груня, — раздалось за спиной.

Я обернулась. С выражением отеческой заботы на лице Генрих сунул мне в руки десять рублей.

— Ты купи своему мальчику фруктов, — сказал он, — детям нужны витамины!

В полной прострации я спустилась в метро и села на скамейку. Жизнь казалась конченой. Ни денег, ни работы, ни помощи, ни мужа... Чувство страшной безысходности охватило меня. Я встала, подошла к краю платформы и заглянула в черную дыру. Прыгнуть под поезд — и все закончится, больше не могу бороться с обстоятельствами. Если сказки про тот свет правда, значит, я встречу там папу и снова стану счастливой.

По ногам пробежал сквозняк, состав вырвался из тоннеля. Я отшатнулась от края платформы. Господи, страшно-то как, и потом, наверное, больно погибать под колесами. Может, купить водки, выпить и рухнуть на рельсы? Не хочется мучиться перед кончиной, но и жить больше не могу.

Наверное, с полчаса я маячила у края платформы. Дело происходило на станции «Киевская»-кольцевая, народу кругом колыхалось море. С каждой минутой мне становилось все хуже и хуже, и наконец с мыслью: «Пора» — я встала у того места, где из тоннеля вылетает поезд, зажмурилась, вздохнула и... почувствовала, как сильные руки резко отдергивают меня в сторону.

— Ты что придумала? — гневно спросила абсолютно незнакомая женщина лет пятидесяти. — С ума сошла?

Я тупо мотнула головой:

— Нет.

— Из-за любви, что ли? — вздохнула она.

— Нет.

— Что случилось-то?

Как было объяснить ей? Да и не хотелось заводить разговор.

— Ты замужем? — не отставала спасительница.

— Нет.

— Дети есть?

— Да, мальчик семи лет.

Внезапно на мою щеку обрушилась пощечина.

— Ты дрянь! — заявила незнакомка. — А ребенок? Представляешь, каково жить в детском доме? Сволочь! Иди домой.

Я очнулась. Господи, я совсем забыла про Аркашку! Лицо горело огнем, но я была благодарна тетке, спасшей мне жизнь.

— Спасибо, — пролепетал язык, — сама не знаю, что на меня нашло, спасибо, что остановили.

Лицо женщины разгладилось, она поправила на мне кофточку и сказала:

— Вот и ладно, беги к сыночку, заждался маму. Ты знай, из каждого безвыходного положения обязательно найдется два выхода.

Я не знаю, как звали ту женщину, она спасла незнакомую девушку от смерти и растворилась в толпе, но последняя сказанная ею фраза осталась со мной навсегда. С тех пор я абсолютно уверена:

безвыходных положений не бывает, просто никогда не надо сдаваться.

На дрожащих ногах я пошла к вагону, продолжая сжимать десятирублевку, которой откупился от меня Генрих. Внезапно на меня накатила злость, я швырнула ассигнацию на платформу и вскочила в поезд. Спасибо, нам не нужны подачки, я сильная, железная, стальная, каменная, сама справлюсь со всеми обстоятельствами, выращу сына, получу работу, и все у меня обязательно будет хорошо.

К этому же периоду относятся и первые мои попытки стать писательницей. К перу меня тянуло всегда. С раннего детства я сочиняла рассказы, а в двадцать пять лет замахнулась на повесть, криминальную. Наваяла детектив и отправилась в журнал «Юность».

Меня там весьма любезно приняла редактор из отдела прозы и велела оставить рукопись. Через какое-то время последовал ответ:

— Бабы детективы не пишут, лучше создавай произведения о производстве или работай, как Людмила Уварова, в жанре городского романа.

Я решила не сдаваться и пошла на третий этаж нашего подъезда, где жил писатель Попов. Попав к нему в кабинет, я сразу взяла быка за рога и попросила:

— Дядя Володя, дайте совет, о чем лучше писать!

Владимир Федорович оживился чрезвычайно:

— Конечно, о сталеварах, детка. Всю жизнь я

воспеваю работников мартена и очень хорошо живу.

С невероятным энтузиазмом Попов рассказал мне, как устроена доменная печь, и я быстренько создала повесть, которую тоже оттащила в «Юность». Та же редакторша приняла ее у меня. Примерно через месяц она, вызвав меня к себе, сердито сказала:

— Уноси эту лабуду!

— Но почему?

— Я уже сказала: криминальный жанр не для женщин!

— Перед вами производственный роман! — воскликнула я. — О сталеварах!

Редактор покраснела и прошипела:

— Груня, на пятьдесят седьмой странице твоего опуса директор завода падает в кипящий металл, на восемьдесят девятой его жена выбрасывается из окна, а потом ее сын начинает поиски убийцы. И мне все равно, что сюжет крутится вокруг победы в соцсоревновании.

Я ушла из «Юности» страшно расстроенная. Значит, не судьба мне стать писательницей, я могу придумывать только детективные сюжеты.

Потом произошло событие, сильно изменившее привычный ход мой жизни.

Как-то раз я, собираясь домой, увидела, что одна из наших курьерш, Наташа, плачет в дежурной комнате.

— Хватит сырость разводить, — сказала я. — Что случилось?

Наташка хлюпнула носом:

— Мне жить негде, из дому выперли.

Честно говоря, ее родственников можно было понять. Наталья отличалась редкостной безголовостью и детским эгоизмом. Еще она любила выпить, таскалась по мужикам, лихо курила, ругалась, словом, совсем не походила на нежную тургеневскую барышню. Но жить-то ей где-то надо было!

Я посмотрела на зареванную Наталью и вздохнула:

— Пошли, у меня своя квартира, будешь спать в холле на раскладном диванчике.

Так мы стали жить вместе, вечно озабоченные поиском денег. Подработать пытались изо всех сил. Я мыла полы в стоматологической поликлинике, расположенной на улице Усиевича, бегала на почтамт, там давали мне разматывать пуки бечевки, выгуливала чужих собак... Наташка носилась по подъездам с ведром и тряпкой. У нас с ней были на двоих одни джинсы, день, когда у американских штанов от ветхости просто отвалилась задняя часть, стал катастрофой для обеих.

Удивительно красивая Наташка пользовалась бешеным успехом у парней. Ее останавливали на улицах, предлагали руку и сердце, но она только хихикала. Для нее главным в жизни была любовь. А теряла голову она мгновенно, причем из стада окружавших ее кавалеров непременно выбирала самого сволочного. Около нее было много честных, умных, интеллигентных парней, можно было смело брать любого. Но нет, она непременно связывалась либо с алкоголиком, либо с хамом.

Один раз я стала свидетельницей совершенно потрясающей сцены. В тот день я заболела гриппом и валялась в кровати с высокой температурой. Из полудремы меня вырвал звонок в дверь, я глянула на будильник — час ночи. В то время я жила в доме на улице Усиевича, в соседях были сплошные актеры и писатели, у таких людей в час ночи кипела жизнь, поэтому, совершенно не удивившись, я хотела встать, но меня опередил восьмилетний Аркадий.

— Кто идет? — забубнил он. — Мать спит уже!

— Привет, — послышался голос Наташки.

— Явилась! — принялся отчитывать ее мальчик. — Во! На кого похожа! А ну иди в ванную! Ты чего, от метро на пузе ползла?

Послышались всхлипывания.

— Не реви! — сурово заявил Кеша. — Умывайся и топай на кухню! Хочешь, картошечки поджарю?

— Нет, ты скажи, отчего он меня бросил? Я-то его люблю...

Воцарилась тишина. Я осторожно приоткрыла дверь и глянула в щелочку. На диване, в холле, сидели Кеша и Наталья. Подруга уткнулась в плечо мальчика, а тот, нежно гладя ее по копне спутанных кудрей, неожиданно сказал:

— Эх, Наталья! Мужики в основном сволочи, ни один твоей слезинки не стоит. Ты же красавица!

— Полагаешь? — перестала хлюпать носом Наташка.

— Точняк, — ответил Кеша. — Какие твои годы!

— Двадцать четыре уже, — вздохнула Наташка.

— Ерунда, — отмахнулся Кешка, — вот матери двадцать восемь, а совсем не старо выглядит. И потом, ну зачем тебе муж?

— Так, — протянула Наталья, разглядывая себя в зеркало, — чтобы был.

— Если никого не найдешь, — пообещал Кеша, — я сам на тебе женюсь, не волнуйся!

Наталья вытащила из кармана мятую, раздавленную шоколадку и абсолютно серьезно сказала:

— Ну спасибо тебе! Неохота в старости одной куковать, кстати, и картошечки хочется.

Кеша прищурился:

— Лады, сейчас пожарю, а ты потом мне за это спинку почешешь.

Я легла в кровать и попыталась заснуть, голова болела немилосердно. Через некоторое время я пошла в ванную, где висела аптечка. Путь лежал мимо Кешиной комнаты, я заглянула туда.

В детской горел ночник. Аркашка лежал на диване, обнимая плюшевого медведя, около него сидела Наташка. Она чесала ребенку спинку и тихо пела «Марсельезу» на французском. Наталья абсолютно свободно владела языком Золя и Бальзака, в свое время она закончила спецшколу.

Несмотря на крайнюю безголовость, Наташка, как вам это ни покажется странным, была человеком ответственным, и еще она очень любила Кешку.

Он ужасно учился в школе, да еще ему попалась отвратительная первая учительница, самозабвенная взяточница. Это сейчас ребенка можно перевести из одного учебного заведения в другое. В восьмидесятом году такое даже не приходило в голову. Чтобы задобрить гарпию, родители таскали ей подарки. Но какой презент могла принести нищая журналистка? Максимум коробочку конфет, и на каждом родительском собрании на мою голову выливался ушат помоев: Васильев двоечник, хулиган, идиот, его надо сдать в интернат для умственно отсталых, безотцовщина...

Справедливости ради следует сказать, что Кешка совершенно не хотел учиться, но это была не его вина. Кроме школы, он ходил на «Динамо» заниматься теннисом и плясал в самодеятельном ансамбле. Это сейчас надо платить гигантские деньги за подобные мероприятия, во времена Кешиного детства занятия были бесплатными. Так вот, тренер по теннису и педагог по танцам нахвалиться не могли на мальчика, но учительнице в школе он решительно не нравился.

Один раз, забирая сына из школы, я увидела дневник с очередными двойками и, не сдержавшись, отвесила ему оплеуху. В этот момент мы собирались садиться в автобус. Кешка, не ожидавший от матери нападения (тот случай был единственным, когда я подняла на него руку), споткнулся и стукнулся головой об автобус.

Послышался глухой удар, на борту образовалась довольно глубокая вмятина. Я разинула рот. Аркашка, всегда соображавший быстрее меня, мгновенно ухватил мать за руку и поволок по тротуару, приговаривая:

— Двигай ногами скорей, сейчас водитель выйдет и заставит ремонт оплачивать!

Мы мухой пролетели через пару улиц и сели на скамеечку в скверике.

— Мать, — строго сказал он, — ребенка нельзя бить головой об автобус!

— Похоже, она у тебя железная, — вздохнула я, — таблицу умножения никак не выучишь, а борт помял.

Аркашка пожал плечами:

— Да ну, нормальная. Слышь, мама, сколько будет семью восемь?

— Сорок восемь, — машинально ответила я, думая о том, найдется ли в кошельке полтора рубля, чтобы купить сейчас мальчику модель для склеивания.

В конце концов, он сам очень расстроился из-за двойки, надо его подбодрить.

— Фигушки, — отозвался Кеша, — пятьдесят шесть!

Я удивилась:

— Да ну?

Кеша протянул мне тетрадку, на обороте которой была написана таблица умножения.

— Смотри. Семью восемь — пятьдесят шесть, а не сорок восемь, как утверждаешь ты. Мама, мы с тобой просто не способны к арифметике, у тебя чего по математике в школе стояло?

— Два, — честно ответила я.

— И у меня два, — вздохнул Кеша. — Вот водитель удивится: ни с кем не сталкивался, а на автобусе вмятина!

Прошло много лет, ко мне, писательнице Дарье Донцовой, пришла корреспондентка из «Учительской газеты». Интервью крутилось вокруг проблем воспитания, я, пытаясь изображать из себя Макаренко, рассуждала о детской психологии. Тут появился Кеша, уже сам ставший отцом. Журналистка мигом обратилась к нему:

— Скажите, а как вас воспитывала мама?

Кеша хмыкнул:

— Сурово. Била головой об автобус за двойки.

Корреспондентка чуть не упала со стула.

— Вы шутите?

— Вовсе нет, — ответил гадкий Аркадий. — Очень хорошо помню, какая вмятина на борту осталась.

Но если я, расстраиваясь, ругала Кешку, то Наташка решила исправлять ситуацию иным способом.

— Сегодня я сама пойду на родительское собрание, — заявила она. — Сиди дома.

Она сбегала в школу и вернулась страшно довольная.

— Все в порядке.

Я удивилась, но ничего не сказала. Представляете, после ее похода к училке двойки в дневнике сына сменились на четверки!

Потом наступила зима, и я увидела, что Наталья продолжает ходить в тонких осенних ботиночках.

— Послушай, — не выдержала я, — тебе же на день рождения подарили сапоги «Аляска», замшевые, на меху. Отчего не надеваешь?

— Берегу, — на полном серьезе заявила подруга. — Еще не так холодно.

Но и в двадцатиградусный мороз она продолжала щеголять в баретках, а потом я пришла в школу за Аркашкой и увидела на толстых ногах противной училки новые, красивые сапоги «Аляска», замшевые, на меху, и все сразу поняла.

Спустя несколько лет Наташка совершенно неожиданно познакомилась с итальянцем, вышла за него замуж и укатила в Милан.

В своих книгах «Крутые наследнички» и «За всеми зайцами» я вывела ее под настоящим именем, там она Наташка, ближайшая подруга Даши Васильевой. Я переселила ее из Италии во Францию, сделала вдовой барона Макмайера, очень богатого человека. В действительности же Наташка мирно проживает сейчас в Милане, ее супруга никто, слава богу, не убивал, он никогда не владел огромным состоянием. Муж Натальи скромный инженер, у моей подруги есть сын и полнейшее семейное счастье. В моих романах все выходит слегка по-другому, но ведь я не пишу исторические повести, это просто детективы.

Несмотря на все трудности, я вспоминаю «Вечернюю Москву» с благодарностью и всегда говорю, что профессионального журналиста из меня сделали именно там. Люди, работающие в ежедневном издании, очень хорошо знают: выпускать подобную газету очень тяжело, а самый сумасшедший отдел тот, который обязан поставлять новости, все эти маленькие заметочки, начинающиеся словом «сегодня». Я не писала очерков и рецензий на театральные постановки. Нет, высунув язык, я носилась по Москве, «нарывая» информацию. Столицу изучила вдоль и поперек, людей повидала немерено, интервью брала в жутких количествах.

Сейчас, когда мне самой начали звонить журналисты, я первым делом спрашиваю:

— Когда вы должны сдать интервью? Если через десять дней, то один разговор, а коли велено завтра... давайте приходите.

Один раз девушка с фотокамерой, хитро прищурившись, поинтересовалась:

— Это пиар такой?

— Что? — растерялась я.

— Ну, предложение приехать прямо сейчас, чай, пирожные, ласковые мопсы... Стараетесь произвести приятное впечатление? Думаете, тогда о вас хорошо писать станут?

Я не нашлась что ответить. Моя невестка Наташка, разливая кофе, вздохнула и ехидно ответила:

— Ага, сплошная реклама! Знаешь, трудней всего пришлось с мопсами, они вообще-то гостей насмерть загрызают, а вот при виде журналистов делаются просто душками!

Корреспондентка захлопала ресницами. Мне внезапно стало ее жалко, такая молодая и глупая. То, что я стараюсь сделать визит работников диктофона приятным для них, — просто цеховая солидарность. Мне в жизни встречались разные экземпляры. В бытность журналисткой я отлавливала некоторых знаменитостей по месяцу, выслушивала грубые заявления: «Отвяжитесь!» или «О боже, как опостылели газеты!»

Порой, договорившись с каким-нибудь актером или писателем, я приходила на встречу и утыкалась носом в крепко запертую дверь. Иногда меня не пускали дальше коридора, стучали пальцем по наручным часам и предупреждали:

— Девочка, у тебя четыре минуты, задавай коротенько свои вопросы и уходи.

Но были и другие, среди них вдова маршала Катукова. Я не помню, к сожалению, как ее звали, но прием, оказанный мне в этом доме, забыть невозможно.

Я прибежала к ней ледяным декабрем, готовился материал к годовщине победы советских войск в битве за Москву, и я должна была задать вдове высокопоставленного военного несколько вопросов. Замерзла я в тот день ужасно, курточка из собачки совершенно не грела.

Вдова маршала глянула на синюю корреспондентку и моментально притащила тарелку, нет, тазик борща, страшно вкусного, восхитительно горячего, потрясающе ароматного. Никогда больше я не ела такого!

На выходе супруга Катукова сунула мне пакет.

— Это что? — удивилась я.

— Бери, деточка, — улыбнулась она, — скоро праздник, там небольшой подарок.

Дома я раскрыла пакет и нашла батон докторской колбаски из спеццеха, коробочку шоколадных конфет, баночку обожаемых Кешей шпрот и с десяток домашних пирожков с мясом.

Я была очень гордой девочкой, нервно реагировавшей на унижение. Десять рублей, сунутых мне папиным приятелем Генрихом, остались лежать на платформе станции метро «Киевская». Даже умирая с голоду, я ни за что в жизни не взяла бы от него подачки. Но жена маршала Катукова, как и Нина Петровна Хрущева, положившая мне тайком на кладбище в сумочку деньги, сделала это исключительно по доброте. Одна пожалела девчонку в курточке из искусственной собачки, другая решила помочь плачущей на могиле отца девушке. Никакой позы, никакого самолюбования собой доброй в их действиях не было.

Мы радостно слопали содержимое пакета, вот почему я всегда улыбаюсь всем журналистам, даже тем, кто приходит в мою квартиру с заданием «нарыть компромат», вот по какой причине покупаю к их визиту торт и предлагаю чай и кофе. В конечном итоге представители прессы должны быть за это благодарны не мне, а Нине Петровне Хрущевой и вдове маршала Катукова.

«Вечерка» научила меня работать. Володя Пахомов вбил мне в голову несколько постулатов.

— Имей в виду, разява, — учил он меня, — опаздывать нельзя, если встреча назначена на пятнадцать часов, это не четверть четвертого и не половина третьего. Всегда тщательно проверяй информацию, визируй статью. Если берешь интервью, то в момент разговора старайся полюбить собеседника, он это обязательно почувствует и станет откровенным. Не перебивай, дай человеку выговориться.

После очередной тирады Вова хватал мою заметку и начинал орудовать ручкой, вычеркивая целые абзацы.

— Краткость — сестра таланта, — бормотал он.

Я только вздыхала, получив пять строчек, оставшиеся от трехстраничной заметки. Спорить с Пахомовым было нельзя, он моментально краснел и орал:

— Пошла вон!

Но, несмотря на противный характер и ярко выраженную любовь к алкоголю, Володя был настоящим, очень талантливым журналистом, меня он обучал старательно, применяя только один известный ему метод воспитания — розги. Доставалось мне по любому поводу. Не нашла информацию — идиотка, плохо написала материал — дура, трепалась в коридоре с коллегами — лентяйка.

Приходя домой, я падала на диван и рыдала от обиды. Но именно Вовка пошел к главному редактору и уговорил того брать меня временно на оклад, когда кто-то из сотрудников уходил в отпуск. Именно Вовка бросал мне на стол пару пирожков из столовой и бурчал:

— Вот черт, обожрался, эти не влезли. Засунь их в шкаф, кто-нибудь слопает с чаем.

Только Вовка, обозвав меня идиоткой, дурой и лентяйкой, выписывал мне за трехстрочную заметку гонорар в десять рублей, а потом лаялся в бухгалтерии, когда там не желали платить такую огромную сумму за крошечную информацию. Порой он доводил меня до истерики своими придирками, но именно Володя сделал из меня профессионального журналиста, и я всегда вспоминаю его с благодарностью.

«Вечерка» семидесятых — это особое место. Газета «Вечерняя Москва» стояла особняком среди прочих партийных советских изданий. Ее приносили москвичам после восемнадцати часов, и городской комитет партии разрешал допускать на страницах некоторые вольности. Первая и вторая полосы заполнялись официозом, третья посвящалась культуре и рассказам о москвичах, а вот на четвертой по пятницам печатали юморески, милые рассказы, допустим, о новых жителях зоопарка, кулинарные рецепты и кроссворды. Тираж у «Вечерки» был огромным, ее расхватывали в мгновение ока, и я очень гордилась, что служу крохотным винтиком в этой машине прессы.

Одно обидно — я хорошо понимала, что никакого карьерного роста ждать не приходится, у меня было сразу три отрицательных качества: Груня Васильева принадлежала к женскому полу, не являлась членом партии и имела на руках ребенка при полном отсутствии мужа. Женщина с подобной анкетой в те годы никаких шансов для успешного взлета вверх по служебной лестнице в прессе не имела.

Впрочем, в «Вечерке» нашелся один человек, который решил проявить обо мне заботу, член редколлегии Илья Львович П., мужчина в возрасте, если не сказать старый, опытный, заслуженный сотрудник, имевший влияние на главного редактора Семена Давыдовича Индурского.

В кабинет к Индурскому я заходила крайне редко, не царское это дело — разговаривать с корреспондентами на гонорарной оплате, а вот к П. я частенько забегала с гранками в руках.

Как-то раз Илья Львович спросил:

— Наверное, хочешь попасть в штат?

Я кивнула:

— Очень.

— Ты девочка старательная, — забубнил Илья Львович, — помогу тебе, поговорю с Семеном Давыдовичем.

Я уже хотела начать подобострастно благодарить старика, но тут внезапно почувствовала, как его рука скользнула под мою юбчонку.

— Обязательно попрошу Индурского помочь. Ты ведь будешь хорошей девочкой?

К сожалению, среди многих моих недостатков есть и такой: я человек несдержанный, сначала делаю что-то и только потом думаю, как следовало поступить в данном конкретном случае.

Вот и в тот день мои руки оказались быстрее ума. Я схватила телефонный аппарат и со всего размаху треснула им П. по макушке. Илья Львович по-бабьи взвизгнул и отпустил мою попу, я вылетела в коридор, тяжело дыша от возмущения. Да, мне нужны деньги, давно мечтаю о постоянной ставке, но получить ее таким путем не могу. Дело не в моральных принципах, многие из моих знакомых актрис, произнося фразу: «Путь на экран лежит через диван», спокойно ныряли в койку к режиссеру. Я их понимала и никогда не осуждала, но сама на это не могла решиться. Наверное, это у меня от мамы. Та тоже не способна продаваться, на эту тему она рассказала мне примечательную историю.

Во время войны моя мама, работавшая тогда в Большом театре, была отправлена в эвакуацию в Среднюю Азию. Местное население даже тогда жило относительно неплохо, рынок ломился от продовольственных товаров. Беженцы бедствовали ужасно. Мама с подругой ходили в степь, ловили черепах и варили из них суп.

Кстати, в биографии моей мамы есть забавный эпизод. Году этак в семьдесят девятом она повезла группу советских артистов за рубеж, то ли в Канаду, то ли во Францию, не помню, да и неважно, в какой стране случился казус. Актеров позвали на банкет, где в качестве главного угощения был суп из черепахи.

Мама, которая после военных лет не может видеть черепаху ни в каком виде, сначала вежливо отказывалась от предложений полакомиться, а потом рявкнула:

— Я целых три года каждый день ела черепах, у меня теперь на них изжога.

Устроители банкета слегка обалдели. Вот как, оказывается, хорошо живут в советской стране люди, им черепахи в качестве обеда надоели.

Вернемся к эвакуации. Устав от однообразного меню, мама с подругой захотели риса, мяса, масла... Но где было взять денег на еду? И тут к ним пришли быстроглазые узбеки и предложили:

— Вы девочки красивые, мы парни горячие. Сегодня привезем вам все для плова, готовьте еду, а потом повеселимся!

Мама с подружкой, измотанные голодом, решили продать честь за крупу и согласились. Через час у них на кухне лежала туша барана, стоял мешок риса и желтел килограмм масла. Девушки быстро сделали плов, наелись и загрустили: близился час расплаты. Любить щедрых узбеков сил не было. Моя мама повздыхала, повздыхала и сказала подружке:

— Давай их не пустим! Запрем дверь покрепче.

Мигом повеселев, они задвинули тяжелую щеколду. Узбеки постучали, побили в створку кулаками и ушли.

Самое интересное, что отвергнутые не применили к ним никаких штрафных санкций. Рис, мясо и масло не отняли, в темном углу не били, а при встрече на улице расплывались в улыбке и восхищенно говорили:

— Обманщицы!

Но мне с Ильей Львовичем повезло намного меньше, чем маме с узбеками. П. оказался злопамятным. Сталкиваясь со мной в коридоре, он отворачивался, на редакционной летучке обрушивался на меня с гневными отповедями, снимал материалы с подписью «Васильева» из номера, одним словом, мстил, как умел.

— Что ты сделала Илюхе? — поинтересовался один раз заместитель Пахомова Давид Гай. — Почему он тебя сожрать готов?

Я рассказала Додику про сцену с телефоном. Гай захихикал:

— Да уж! Ладно, не дрейфь, я помогу.

На следующий день, торопясь на работу, я влетела в лифт и обнаружила в кабине Илью Львовича. Выскакивать назад показалось глупо, да и подъемник уже пополз вверх. Я вжалась в угол.

П. неожиданно улыбнулся:

— Здравствуй, Грушенька!

— Э... доброе утро, — пролепетала я, пораженная его приветливостью.

Через пять минут, на летучке, Илья Львович принялся нахваливать меня. Я отыскала глазами Давида, тот незаметно подмигнул.

Естественно, сразу после собрания я понеслась к Гаю.

— Что ты сделал с Илюхой?

— А, просто сказал, что ты спишь с N.

N был куратором «Вечерней Москвы» в городском комитете партии, и я пришла в полный ужас:

— Ты с ума сошел!

Додик отшвырнул карандаш:

— Вовсе нет! Илюха дикий трус, а N об этом никогда не узнает!

Но, кроме противного Ильи Львовича, в «Вечерке» служило много хороших людей, отличных журналистов и добрых товарищей. Тот же Давид Гай или Сафи Александрович Акжигитов. Сафи пристроил меня подрабатывать на радио, походя объяснив, как следует писать информацию, чтобы она хорошо звучала в эфире. В соседней комнате сидела веселая, красивая, очень добрая и невероятно талантливая Наташа Синякова, у нее всегда можно было перехватить три рубля до получки. Был заведующий отделом науки Рубен Багирян и его сотрудница Лена Цыганкова, которые, узнав о том, что Аркашка серьезно заболел, без всяких просьб с моей стороны мгновенно бросились на помощь и устроили ребенка в лучшую клинику. В отделе писем работали Света Комиссарова и Лена Митько, постоянно наливавшие мне остродефицитного кофе. Таня Харламова часто кричала мне на ходу:

— Грунька, сегодня прекрасно выглядишь.

А на летучках я старалась сесть поближе к Жанне Авязовой и Нелли Горячевой. Если кто-то из начальства набрасывался на меня, хрупкая, миниатюрная Жанна сквозь зубы шептала:

— Наплюй и разотри. Не ошибается только тот, кто не работает.

Алла Стойнова, Дина Абрамова, Всеволод Шевцов, Юра Иванов, Нелли Маринич, Оля Никольская. Я помню их всех, я не забыла того хорошего, что они для меня сделали, и всегда говорю:

— Я из «Вечерней Москвы», это там меня превратили в профессионального журналиста.

В восемьдесят третьем году мой ангел-хранитель пробился на прием к господу и упросил того помочь Груне Васильевой. Судьба явилась ко мне в образе соседки из сто восемнадцатой квартиры, Алены Струтинской. Алена была замужем за Димой Салынским, сыном писателя Афанасия Салынского. Мы с Димкой знакомы еще по Переделкину, а в Москве тогда жили на одной лестничной клетке. Алена стала моей близкой подружкой, и мы часто по вечерам пили вместе чай.

Однажды она сказала:

— Тебе надо выйти замуж!

Я замахала руками:

— Ни за что!

Алена вздохнула и замолчала. Она, естественно, знала о двух моих неудачных браках. Через час я забыла об этом разговоре. В пятницу вечером мы с Кешей укатили в Переделкино, на дачу. Союз писателей отчего-то после смерти папы сразу нас не выселил, мы пользовались домом до 87-го года.

В субботу Кеша примчался на участок с самой радостной улыбкой.

— Мамуся, — сказал он, — гляди.

Я посмотрела в кепку, которую он нес в руке. На ее дне лежало нечто крохотное, совершенно беспомощное, бело-черное... Щеночек, которому от роду исполнилось недели две, не больше. У него даже были еще закрыты глазки.

— Вот, — тараторил Кешка, — нашел на берегу пруда. Как он туда попал, непонятно.

Мне сразу вспомнилась повесть Тургенева «Муму». Небось кто-то нес кутят топить, а этот то ли выпал из мешка, то ли выплыл из воды.

— Мы его оставим? — запрыгал Кеша.

Я тяжело вздохнула. Несчастное создание не выживет. У нас всегда были собаки. В доме жила пуделиха Крошка, на даче, во дворе, зверь непонятной породы по имени Дик. А еще имелась кошка Дымка. Не желая пугать ребенка, я осторожно ответила:

— Щеночек слабенький, он может заболеть!

— Давай его покормим, — предложил Кешка.

И мы стали предлагать песику еду. Но тот упорно не желал пробовать угощение; молоко, кефир, детская смесь «Малыш» и каша «Здоровье» решительно не пришлись ему по вкусу. Я испугалась окончательно: несчастное создание точно умрет. Но тут в гости ко мне пришла Алена Струтинская, увидела эмбрион, лежащий в коробке из-под сахара, смоталась к себе на дачу и притащила остатки питания, которые не допил из бутылочки ее сынишка Андрюша. В те годы достать качественный заменитель материнского молока было практически невозможно, но Димка как-то исхитрился и надыбал для младенца банку то ли «Симилака», то ли «Бона».

Щеночек очень оживился и с жаром слопал смесь. С тех пор Алена отдавала нам «недопивки», а Димка стал звать Андрюшку и собачку «молочными братьями».

Аркашка, в то лето увлекавшийся Сетон-Томпсоном, назвал щенка Снап. В книге у Томпсона есть собака с таким именем, очень храбрая, мужественная, большая, сильная.

— И наш вырастет, — радовался Кеша, — станет квартиру сторожить.

Но Снапик не превратился в охранное животное, он мало походил на собаку Баскервилей, больше на помесь болонки с терьером. Маленький, лохматый, с замечательными треугольными ушками, которые Снапуша то поднимал, то опускал, и пушистым веерообразным хвостом.

Он мгновенно понял, что я его мать, и принялся везде бегать за мной, жалобно скуля, если хозяйка терялась из виду. Первые два дня Снапун спал в коробке из-под рафинада, потом я пожалела его, маленького, беспомощного, и взяла к себе в постель. С тех пор всю свою жизнь Снап спал со мной, норовя положить морду на подушку. За три летних месяца в Переделкине он вырос, опушился, стал хорошеньким, егозливым щенком, совершенно счастливым и здоровым. Тридцатого августа мы с Кешей вернулись в Москву. Сели в электричку, я держала на коленях слегка испуганного Снапа.

На станции Солнечная в вагон вошла цыганка, она тащилась по проходу, изредка выкрикивая:

— Эй, кому погадать!

Народ не обращал на нее внимания. В конце концов ромала шлепнулась около меня на скамейку, расправила грязную цветастую юбку и спросила:

— Хочешь, правду расскажу?

Я, решившая после возвращения из Сирии никогда не иметь дела с теми, кто предлагает заглянуть в будущее, решительно ответила:

— Нет!

Девушка засмеялась:

— Ты счастье нашла!

Я молчала, надеясь, что она уйдет. Цыганка встала, ткнула пальцем в Снапа и сообщила:

— Господь тебя за это наградит, дома радость ждет!

Вымолвив эту фразу, она пошла по проходу, подметая длинной юбкой грязный пол. На всякий случай я поплевала через левое плечо. Не надо мне никаких радостей, обойдемся, нам и так хорошо!

Тридцать первого августа ко мне на кухню ворвалась Алена и велела:

— Завтра в семнадцать часов ты у меня!

— Зачем? — удивилась я.

— Жених придет.

— Какой?

— Отличный, — затараторила Алена. — Кандидат наук, ученый, преподает на факультете психологии, Донцов Александр Иванович.

— Не хочу, — топнула я ногой.

— Кто тебя спрашивает, — обозлилась Алена. — Я сама знаю, что лучше! Положительный человек, хорошо зарабатывает, не пьет, умница, давно в разводе, чего еще надо?

— Не желаю замуж, — уперлась я.

— Тьфу, — плюнула Алена, — хватит глупости пороть. В семнадцать изволь явиться ко мне в парадной форме, ясно?

Спорить с Аленой было делом бесполезным, пришлось покориться. Минут через десять после указанного срока я постучалась к Салынским. О том, что я весила в те годы сорок два килограмма, я уже упоминала. К тому же я очень близорука, очки не ношу исключительно из кокетства, они мне решительно не идут. Оказавшись в гостиной у Алены, я, желая рассмотреть кандидата в мужья получше, сделала жест, хорошо знакомый подслеповатым людям. Поднесла к правому виску палец и слегка подтянула вверх уголок глаза, так сказать, навела его на резкость.

Внешний вид предполагаемого мужа меня разочаровал. Передо мной сидел полноватый человек, одетый в безукоризненный костюм. Лицо его, правда, показалось мне добрым, но вот борода явно была ни к чему.

В то время я вращалась в среде актеров, журналистов, солистов балета. Все они ходили в свитерах и джинсах, костюм не носил никто. А когда Александр Иванович заговорил, мне стало понятно, что он птица из иной, не моей стаи. Ровные, круглые предложения, безукоризненное, четкое произношение, отработанная модуляция голоса, да еще я не понимала половины слов, которые он произносил: «ригидность», «фрустрация», «эмпирически»...

В общем, минут через десять я сделала вывод: дикая зануда, лучше повеситься, чем жить с таким типом.

Теперь я знаю, что сама произвела на Александра Ивановича сногсшибательное впечатление. Ему нравились женщины высокого роста, не полные, но с формами. А тут перед ним замельтешило нечто, смахивающее на вязальную спицу, то ли женщина, то ли подросток, да еще и кривляка, стоит, глазки щурит.

Алена мигом поняла, в какой восторг пришли друг от друга «жених» с «невестой», и удвоила усилия. Она разливала чай, щебетала и в конце концов нагло заявила:

— У меня в квартире курить нельзя. Андрюша маленький, пошли к Груне.

Мы переместились ко мне и продолжили беседу. Потом Алена заявила:

— Так, два часа ночи, мне пора спать!

Александр Иванович встал:

— Я тоже двинусь!

Алена уперла руки в несуществующие бока:

— Куда?

— Домой, — робко пискнул Александр Иванович, сообразивший только сейчас, что дело нечисто.

— Метро закрыто, — отчеканила Алена.

— Такси возьму, — из последних сил сопротивлялась жертва.

— Его тут никогда не поймать, — не дрогнула Алена.

Напомню, что дело происходило в 83-м году и с такси наблюдалась напряженка.

— Оставайся у Груньки, — тараторила подруга, — квартира большая, ляжешь тут на диванчике.

Александр Иванович, человек мягкий, очень добрый и интеллигентный, не мог себе позволить просто повернуться и уйти. Ему очень трудно обидеть человека, поэтому он попытался уладить дело миром, выскочить из мышеловки, не прищемив хвост. Вот он и выдвинул следующую причину своего ухода:

— Но у меня нет ни халата, ни тапочек!

Алена рысью сгоняла домой и приволокла недостающие аксессуары. Бедный Александр Иванович решил не сдаваться:

— А зубная щетка?

Подруга глянула на него, а потом жестом фокусника выудила из кармана пластмассовую шетку и сердито сказала:

— Огласи весь список необходимых предметов сразу!

Жертва стушевалась, Алена ушла. Сначала в кухне повисло молчание. Наконец я не выдержала и решительно заявила:

— Прости, но я вовсе не собираюсь замуж, это все Алена!

Александр Иванович расслабился и сообщил:

— Да и я не хочу жениться.

Обрадовавшись, что больше не являемся «женихом» и «невестой», мы сели пить чай и проговорили до утра, с удивлением выяснив, что читали одни и те же книги.

На следующий день Александр Иванович вновь пришел ко мне в гости и остался навсегда. Больше всего этому был рад Аркашка, он наконец-то получил самого настоящего отца, такого, который может решить задачку по математике, купить машинку и отвести в кино.

Очень скоро Кеша стал называть Александра Ивановича папой и зовет его так до сих пор. Бывали у нас в семье выяснения отношений, скандалы, пару раз мой муж, доведенный Аркашкой до крайности, грозил ему ремнем... Впрочем, однажды он все же решил наказать негодника и сурово заявил:

— Кеша, извини, но придется тебя выпороть!

— Да, папа, — кивнул мальчишка, — понимаю! Сейчас приду.

С этими словами он исчез в своей комнате. Александр Иванович молча держал в руках пояс от брюк. Ежу было понятно, что ему страшно не по душе насилие, но ведь вербальные воздействия не эффективны!

— Я тут, — сообщил Кеша, появляясь в кухне.

Мы посмотрели на долговязого юнца и удивились: мальчик внезапно растолстел. Через секунду до нас дошло, в чем дело. Хитрец надел на себя четыре пары брюк, пять свитеров... Я захохотала, ремень выпал из рук мужа, попытка применить розги закончилась ничем.

Вместе с Александром Ивановичем в нашей семье появились Дима, его сын, Танюшка, бывшая жена, Тамара Дмитриевна, его теща, и две Танины дочки, близнецы Аня и Маша.

Может, это кому-то покажется странным, но мы на самом деле считаем себя одной семьей. Нам с Танюшей нечего делить, не я послужила причиной ее развода с Александром Ивановичем. В момент нашего знакомства Таня была беременна близнецами от другого мужчины.

Первое, что я увидела, придя к Тамаре Дмитриевне в гости, были книги Аркадия Николаевича с автографами. Бывшая теща моего мужа очень хорошо знала моего папу. В ее семейном альбоме нашлось и его фото. Вот такой пердимонокль, как любила говорить моя бабушка Фася.

Дима с Аркадием мгновенно стали братьями. Что они творили, не описать словами! Только тот, кто вырастил двух мальчиков-погодков, сумеет до конца понять меня. Драки у нас случались по каждому поводу и без оного. Одному в конфете попалась фольговая хрустящая бумажка, другому нет, и пошло-поехало. В ход шло все: подушки, крышки от кастрюль, книги, швабра, поварешка...

Затем Снапик стал встречать меня с работы заливистым лаем. Нет, он всегда радовался при виде хозяйки, но тут было что-то не так. Снап быстренько облизывал меня, потом несся к Димке или Аркашке и начинал гневно вопить, поглядывая на мальчишек.

Я провела расследование и узнала про восхитительную игру под названием «Десант с собакой». В отсутствие родителей гадкие мальчишки засовывали Снапа в наволочку и перешвыривали его друг другу, словно волейбольный мяч. Бедный пес сначала терпел, а потом принялся ябедничать.

В голову мальчишкам пришли совершенно дикие идеи. Они сконструировали крылья, шаткую конструкцию из деревянных палочек и постельного белья. Хорошо, что в тот день я заявилась с работы неожиданно рано и застала их в момент, когда «Икары» собирались произвести летные испытания. Крылья лежали на лоджии, и конструкторы живо обсуждали вопрос, кто полетит первым. Представляете мой ужас? Здесь уместно сообщить, что наша квартира тогда располагалась на пятнадцатом этаже.

Потом кто-то из знакомых преподнес мальчишкам набор «Юный химик». Дорогие мои, просто заклинаю вас, никогда, ни при каких обстоятельствах не вносите в дом сию забаву! Семья лишилась сна и покоя. По квартире витали омерзительные запахи, периодически из детской комнаты валил густой дым и неслись боевые вопли.

Затем Аркадию на уроке ботаники велели прорастить фасоль, и он перепоручил это Александру Ивановичу. Отец, человек ответственный, подошел к делу обстоятельно, через некоторое время все окна в доме были просто оплетены лианами, выбросить их рука не поднималась.

Мальчишки учились отвратительно. Аркадий, старший, откровенно ленился. Вместо учебников он предпочитал читать Дюма, Жюля Верна, Юрия Коваля, Даррелла... Димка же обладал гадкой манерой ловить учителя на незнании материала. Он мог преспокойно встать на уроке зоологии и спросить:

— Скажите, Марь Иванна, что делать, если лошадь сломала ключицу?

Мария Ивановна начинала быстро бормотать:

— Наложить повязку, зафиксировать...

Димка кивал головой, а потом с ехидной улыбкой заявлял:

— Оно хорошо, конечно, но в первую очередь следует позвать светил ветеринарии.

— Почему? — мигом ловилась учительница.

— Так у лошади от природы нет ключицы, — хихикал Дима.

Сами понимаете, как выглядели их дневники. Впрочем, основной документ учащегося, принадлежащий Аркадию, одно время смотрелся вполне пристойно. Там, правда, косяком стояли тройки, зато полностью отсутствовали замечания. Но потом меня вызвали к директору и сообщили кучу претензий. Я прибежала домой, устроила Аркадию допрос и выяснила: дневников на самом деле было два. Один для хороших отметок, другой для двоек и замечаний. Второй хранился в электрощите, на лестнице. Хитрый Кеша знал, что щиток — последнее место, куда полезут родители.

Не всегда шалости были невинными. Как-то раз парочка поспорила, что произойдет, если литровый пакет с молоком сбросить вниз с пятнадцатого этажа.

Димка уверял, что картонная упаковка лопнет, а Аркадий твердил:

— Ничего с ним не случится!

Сначала спорщики подрались, потом решили поставить опыт. Пошли на кухню, вытащили из холодильника пакет молока и, недолго колеблясь, швырнули его с балкона. По счастью, на тротуаре не оказалось прохожих. Пакет попал на капот машины одного из наших соседей, пробил в нем дыру, и нам пришлось отдавать взбешенному мужику приличную сумму денег.

Как-то раз я, войдя в подъезд, налетела на соседку, живущую этажом ниже, не слишком приветливую женщину, очень нервную и нетерпимую. Она частенько приходила к нам и делала выговор:

— Ваши дети сильно топают, пусть ходят босиком по дому.

Увидав, что соседка бежит ко мне, я вздохнула: сейчас начнется. Но она принялась восторженно говорить:

— Ваш Аркаша! Какой мальчик, он меня спас!

Выяснилось, что у дамы загорелась проводка на лоджии. Аркадий, стоявший на нашем балконе, увидев огонь, вызвал пожарных...

Мне ситуация показалась подозрительной, поэтому дома я устроила сыну допрос с применением пыток и выяснила: да, все правда. Он увидел пожар, позвонил «01» и спас соседское имущество. Маленькая деталь! Кеша пускал с нашей лоджии горящие самолетики, один залетел на нижний балкон. Пока я раздумывала, как поступить с мальчишкой, раздался звонок в дверь, на пороге стояла соседка с огромной коробкой конфет.

— Это Кеше, — сказала она, — пусть лакомится.

Пришлось взять совершенно незаслуженный подарок. Не рассказывать же ей правду. Много еще чего случалось в нашем доме. Мы с Татьяной пили валокордин и старательно утешали друг друга.

Один раз Аркашка заболел свинкой. Когда Димка прибежал домой из школы, от Кеши как раз выходил доктор.

— Свинка, — сказал врач.

Не разобравшись, в чем дело, Дима завопил:

— А-а-а, я тоже такую хочу!

Доктор попятился, а я, сразу поняв, что Димка решил, будто Аркашке приобрели морскую свинку, немедленно сказала:

— Сейчас получишь. Если поцелуешь брата, она твоя!

Дима ринулся в комнату, а педиатр понесся на лестницу, он явно посчитал меня сумасшедшей.

Кстати, животных у нас всегда жило много: Снапик, черепаха, хомячки... Последние довели меня почти до нервного истощения. Дело в том, что мы сначала купили одного хомячка — Зяму. Он отчего-то перестал есть, и вызванный ветеринар посоветовал:

— Купите ему приятеля, Зяме скучно.

Я решила, что у хомяка должна быть счастливая семья, и приобрела девушку Зюсю. Зяма и Зюся нежно полюбили друг друга. Одна беда, они утратили интерес ко всему на свете, кроме двух вещей. Хомяки усиленно ели и не менее споро занимались воспроизведением потомства.

Через определенный природой срок на свет появлялись крошечные хомячата. Утопить живых существ размером меньше мизинца рука не поднималась ни у кого в доме, поэтому я, посадив мелкую поросль в банку, отвозила ее в зоомагазин на Старом Арбате, где сдавала по две копейки за пару. Продавцы странно поглядывали на меня, но ничего не говорили.

Наше материальное положение с Александром Ивановичем было шатким. Мой муж работал как проклятый. Ездил по линии общества «Знание» по городам и весям с лекциями, вел курс в нескольких институтах, но денег нам практически всегда не хватало.

Мальчишки росли стремительно, особенно убивала их манера мгновенно превращать новые, крепкие ботинки в рваные опорки. Утром ушли в целой обуви, а вернулись...

Как-то раз Александр Иванович поехал в командировку в Испанию. Вернувшись домой, он торжественно достал из чемодана две пары ботинок, подобные сейчас называют «Гриндерсы», и торжественно объявил:

— Все, вот эти они раздолбать не смогут!

И точно, испанские штиблеты прослужили несколько лет, а я до сих пор уверена, что лучшую обувь производят в Мадриде.

В начале девятого класса Аркашка появился дома в неурочное время, где-то около полудня. Была суббота, Александр Иванович мирно пил кофе, я варила суп. Кеша встал на пороге кухни и громко сообщил:

— Мама, папа, я поджег школу! Нас всех эвакуировали, сейчас там пожарные.

У меня из рук выпала поварешка, а ноги подогнулись в коленях. Александр Иванович же сохранил полнейшее спокойствие, он мирно налил себе еще одну чашечку и ответил:

— Кеша, не приставай к родителям с ерундой, изнасилуешь директрису, тогда и приходи.

Аркадий заржал, а я налетела на мужа и затопала ногами от возмущения. Александр Иванович молча усадил меня на стул, а потом сказал:

— Ребенка надо принимать таким, каков он есть. Все беды начинаются тогда, когда родителей захватывают амбиции. Оставь его в покое. И четко скажи себе: люблю сына просто потому, что он существует, при чем тут двойки и шкодливость? Школу они скоро закончат.

Сам Александр Иванович баловал мальчишек нещадно. Очень хорошо помню, как Кеша заболел корью. Мы столпились около его кровати и принялись подсовывать ему вкусные кусочки. Но мальчик вяло качал головой и отказывался от деликатесов.

— Ты только скажи, чего тебе хочется? — настаивал отец.

Аркашка приоткрыл хитрющие глаза и заявил:

— Дыню и электрическую железную дорогу.

Стоял декабрь 1985 года, стрелки часов подобрались к восьми вечера. Александр Иванович мгновенно надел пальто и ушел. Я осталась в недоумении.

Примерно через два часа муж прибежал назад. В авоське покачивалась дыня, у него под мышкой виднелась большая коробка.

Кеша, совершенно не ожидавший столь скорого исполнения своих желаний, забыв про температуру, ринулся к подаркам. Я же, изумленная до крайности, принялась допрашивать мужа:

— Где ты раздобыл дыню?

— В ресторане «Узбекистан», — ответил он.

— А железную дорогу?

— В «Детском мире».

— Он закрылся в тот момент, когда ты ушел!

Муж прищурился:

— Знаешь, в жизни должна быть какая-то тайна. Пусть это останется моим секретом.

Лишь несколько лет назад я узнала, что среди студенток мужа имелась девочка, чья мама заведовала магазином игрушек. Александр Иванович, никогда в жизни не бравший взятки и не просивший своих учеников ни о чем, в тот раз поступился принципами, и ему продали железную дорогу после закрытия торговой точки.

Мы с Александром Ивановичем прожили почти год в гражданском браке, в течение этого времени я пребывала в глубоком недоумении: он и впрямь такой хороший или притворяется, чтобы заполучить меня в жены? Хотя если призадуматься, то какой у него мог быть расчет, а? Александр Иванович к тому времени уже получил известность как автор множества учебников, на его лекции ломились толпы студентов не только психфака. Редко какого преподавателя провожают после занятий аплодисментами, а доцент Донцов постоянно уходил под рукоплескания. Абсолютно всем вокруг было понятно, что он станет доктором наук, профессором, академиком... И зачем ему, скажите на милость, нищая девица в курточке из искусственной собачки, у которой в качестве приданого ворох закладных квитанций из ломбарда, астрономический долг по квартплате и ребенок, на которого никто не платит ни копейки алиментов? Скорее уж в расчете следовало обвинить меня.

Первой вещью, которую мне захотел купить Александр Иванович, было пальто. В начале восьмидесятых годов «мануфактура» в Москве практически отсутствовала. В столичных магазинах на вешалках покачивались убогие изделия, кособокие, плохо сшитые, из материалов самых мрачных расцветок. Все мало-мальски приличное, импортного производства, продавалось в «Березке»[1] либо из-под прилавка, и следовало иметь знакомого продавца, чтобы приобрести, допустим, югославскую косметику.

Но осенью 83-го года в торговых залах совершенно неожиданно появились роскошные, чисто шерстяные пальто с пушистыми воротниками из ламы, произведенные в Финляндии.

Женщины подходили к ним толпами, мерили, вздыхали и уходили, приобрести сию роскошную вещь могли считаные единицы. Великолепного качества пальтишко стоило тысячу рублей. Напомню, средняя зарплата по Москве в те годы крутилась вокруг ста пятидесяти целковых.

Вот этот прикид и надумал приобрести мне Александр Иванович, не слушая вопли будущей жены о том, что это слишком дорого, неразумно и вообще зря. Александр Иванович привел меня в Краснопресненский универмаг, отыскал стойку с цифрами «44», галантно подал пальто и разочарованно щелкнул языком. Я провалилась в него, словно копейка в трехлитровую банку, но жених решил не сдаваться, он нашел пальтишко с биркой «42» и снова расстроился — велико. Пока я вешала

---

[1] В системе магазинов «Березка» товар отпускался по чекам, которые получали после обмена валюты люди, имеющие возможность работать за границей.

пальто на место, Александр Иванович сбегал к продавщице и поинтересовался:

— А где у вас сороковой размер?

Работницы прилавка тех лет отличались крайней неразговорчивостью и редкостной грубостью, покупатели, забредающие в торговые точки, не радовали их, а раздражали. Никаких приветливо улыбающихся консультантов и скидок.

Баба повернулась и рявкнула:

— В «Детский мир» ступай, такие доходяги там одеваются! Эти пальто для нормальных женщин!

Александр Иванович вытащил меня на улицу, привалил к стенке Краснопресненского универмага и сурово приказал:

— Перед тобой стоит стратегическая задача отъесться за месяц хотя бы до сорок второго размера. Можешь начинать прямо сейчас, я куплю пирожков.

То, что у нас будет счастливая семейная жизнь, первыми поняли мальчишки. Они дико боялись, что случится нечто и Груня с Александром Ивановичем разбегутся в разные стороны. Свадьба наша была назначена на 28 апреля 84-го года, а двадцать седьмого я, на что-то обозлившись, принялась летать на реактивной метле и нападать на будущего мужа. Это сейчас я очень хорошо знаю, нечего и мечтать о том, чтобы обозлить его, все равно не получится. Александр Иванович профессиональный психолог и в момент скандала смотрит на ситуацию иначе, чем все остальные люди. Но двадцать лет тому назад я еще не изучила будущего мужа как следует и, прицепившись к какой-то ерунде, бросилась в атаку.

Мальчишки притихли, выскользнули из кухни, потом Аркадий вернулся назад и сказал:

— Мать, немедленно иди сюда.

Решив, что дети снова поругались, я двинулась на зов и нашла парнишек в дальней комнате. С самым серьезным видом они стояли у окна, Кеша в руке держал ключ.

— Сейчас мы запрем тебя тут, — отчеканил Аркадий.

— До завтра, — подхватил Дима, — до десяти утра.

— С какой стати? — возмутилась я.

— Вести себя не умеешь, — вздохнул Кеша, — на скандал откровенно нарываешься, демонстрируешь вздорный характер и полное отсутствие женственности.

— Вот и посиди тут до свадьбы, — закончил Дима, — нам спокойней будет. А то еще отец, не дай бог, передумает и убежит! Что тогда делать станем!

— Распишитесь и ругайтесь на здоровье, — влез Кеша.

— Всего-то несколько часов продержаться осталось, — забубнил Димка.

Не успела я и глазом моргнуть, как они выбежали из комнаты и мгновенно захлопнули за собой дверь.

Восемьдесят третий год был наполнен не только радостными событиями. В октябре умерла Фася. К сожалению, на старости лет она страдала болезнью Альцгеймера и перестала узнавать окружающих. Странности начались году этак в семьдесят девятом. Я пришла к бабушке, которая жила вместе с мамой в нашей квартире на Аэропорте, и села за стол на кухне.

Фася поставила чайник, вытащила чашки, потом вдруг выглянула в коридор и крикнула:

— Аркадий Николаевич, идите чайком побаловаться!

Бабушка очень любила зятя, папа платил ей той же монетой. Иногда он шутил:

— Вот что, Тамара, соберешься меня бросить, все отдам, кроме Афанасии Константиновны.

Услыхав, что бабуля зовет давно умершего человека, я испугалась и спросила:

— Фася, ты с ума сошла? Отец скончался в семьдесят втором!

Бабушка растерялась:

— Совсем из головы выпало.

Мне ситуация показалась странной, и я постаралась побыстрей забыть о ней. Но, к сожалению, это было лишь началом процесса. Болезнь Альцгеймера страшная вещь, день за днем ты наблюдаешь, как любимый человек умирает, уходит от тебя душой. Тело его остается на земле, а сущность исчезает, и через какое-то время ты в ужасе понимаешь: его больше нет, перед глазами лишь внешняя оболочка.

За что моей бабушке, абсолютно святой женщине, никогда в жизни не сделавшей никому плохо, господь послал это испытание, я не понимаю. Фася перестала узнавать нас с мамой, не могла выйти на улицу, разговаривать по телефону, смотреть телевизор, читать книги. Весь ее мир сжался до крохотного кусочка, а единственной радостью стала вкусная еда. Бабушка превратилась в грудного младенца.

В середине октября я купила в буфете «Вечерки» раритетную по тем годам вещь — глазированные творожные сырки и тут же принесла их бабушке. Фася к тому времени давно перестала идентифицировать внучку.

Положив пару сырков на тарелочку, я вошла в спальню к бабушке и сказала:

— Это едят, попробуй, очень вкусно.

Бабушка села, взяла угощенье, а я решила пойти домой, повернулась и услышала:

— Грушенька, не попить ли нам чаю?

От удивления я споткнулась и обернулась. Фася смотрела на меня, ее глаза, последний год совершенно пустые, ярко сияли на лице.

— Ты мне? — глупо спросила я.

— А кому же еще, — усмехнулась Фася, — пошли, заварю.

Не успела я и охнуть, как бабуля вскочила и побежала к плите. Она действовала ловко и уверенно. Достала из шкафчика железную коробочку, ополоснула чайничек кипятком. У меня просто пропал дар речи, получалось, что бабушка стихийно выздоровела от болезни Альцгеймера, но такого просто не могло быть!

Мы сели за стол и стали разговаривать, как в прошлые времена. Потом бабушка сказала:

— Устала, пойду отдохну.

Я уложила ее в кровать. Фася перекрестила меня и вздохнула:

— Дай господь тебе счастья, не упусти Александра Ивановича, он очень на Стефана похож.

Я поцеловала бабулю:

— Спи, завтра поговорим.

Фася закрыла глаза, а потом вдруг сказала:

— Не обижай Аркашеньку, хороший мальчик растет, на Стефана похож.

У бабушки все симпатичные ей люди походили на покойного мужа.

Я усмехнулась и ушла смотреть телевизор, отчего-то мне расхотелось торопиться домой. Часа через два я все же решила отправиться к себе, зашла в спальню, хотела поцеловать Фасю перед уходом и... поняла, что она умерла.

Бог наградил Афанасию за праведную жизнь, перед кончиной он дал ей возможность попрощаться с внучкой.

Когда много лет спустя я рассказала об этом странном случае своей подруге Оксане, хирургу по профессии, та не удивилась.

— Подобные казусы описаны в медицине, — объявила она, — мозг человека плохо изученная территория. Перед смертью он включает какие-то бездействующие в нормальной жизни механизмы, и происходят чудеса. Иногда больные выходят из комы, иные начинают говорить, слепые прозревают. Родственники, как правило, радуются, думая, что следующий этап — окончательное выздоровление, но специалисты знают — подобное лишь кратковременный всплеск перед кончиной, так электрическая лампочка вспыхивает невероятно ярким светом за пару секунд до того, как перегореть.

В 85-м году я ушла из «Вечерки», мы с Александром Ивановичем захотели общего ребенка, и муж сказал:

— Уж извини, но у человека, работающего в ежедневной газете, получится что угодно, кроме здорового младенца.

И я, бросив практическую журналистику, устроилась в библиотеку, стала выдавать людям на абонементе книги. Может быть, кому-то столь резкий зигзаг покажется странным, но я к тому времени безумно устала, нося́сь по городу в поисках информации, и четко поняла: никакой карьеры не сделаю, так и стану бегать до старости по людям с карандашом и блокнотом, задавая им уныло-идиотские вопросы типа: «Ваши творческие планы?»

Я в восемьдесят пятом оказалась перед выбором, который часто делают женщины: семья или работа. И, не колеблясь, ушла в библиотеку.

Год, проведенный в районном книгохранилище номер шестьдесят восемь, стал одним из счастливейших в моей жизни. В этом учреждении подобрался совершенно уникальный коллектив, состоящий из одних только женщин. Никаких сплетен, подсиживаний друг друга, истерик и скандалов тут не водилось. Все дамы были уже, скажем так, за тридцать, имели мужей, детей, внуков и жили только ради них. В библиотеку сотрудницы ходили, как в своеобразный клуб, все страстно любили книги.

Я оказалась самой молодой, и коллеги стали меня натаскивать. Первым делом научили готовить. В обеденный перерыв дамы доставали из сумок собственноручно приготовленные блюда и угощали друг друга. Кулинарки они были феерические, и я только успевала записывать рецепты. Библиотека стала вторым домом и для моих мальчишек, там было очень удобно готовить уроки, вся литература под рукой, но Аркашке с Димкой больше нравилось проводить время на кухне, за громадным столом, на котором стояли тарелки с пирожками, которые испекла Любовь Аркадьевна, лежало печенье, вдохновенно созданное Тамарой, и издавали аромат котлеты, пожаренные Кларой Егоровной. Даже диетическая еда, приготовленная Мариам Марковной, пришлась им по вкусу. Я тоже фаршировала кабачки морковкой, но дома мальчишки воротили от них нос, а патиссоны, потушенные Мариам Марковной, проглатывали в момент.

Летом 86-го года я отправилась на узи и узнала, что у меня должна родиться девочка. Когда врач объявил об этой новости, из моих глаз потоком хлынули слезы.

— Не расстраивайтесь, — стала утешать меня доктор, — вы молодая, еще родите мальчика.

Язык не повернулся сказать ей, что я уже имею двух безобразников и третьего просто не вынесу, я мечтала о тихой, скромной девочке. Впрочем, как выяснилось, Александр Иванович тоже хотел дочь. Когда я вышла из кабинета, муж взял меня за руку и робко поинтересовался:

— Ну?

— Девочка, — выкрикнула я. — Машенька!

Он быстро сплюнул через левое плечо и велел:

— Умоляю, никому не рассказывай. Вдруг она непостижимым образом трансформируется в мальчика.

Машуня появилась на свет шестого сентября 1986 года без пятнадцати десять вечера.

С самого первого дня жизни дочка показала бойцовский характер. В шесть утра медсестра вкатывала в палату каталку, на которой рядком лежали запеленатые свертки. Младенцы молчали, только один заливался гневным криком — моя Маня. Она никогда не плакала жалобно, нет, Машуня орала голосом, полным здоровой злости.

Когда мы с Александром Ивановичем принесли ее домой, Кеша ринулся доставать из пеленок сестрицу. До сего момента он никогда не видел новорожденных детей и был полон любопытства. Наконец Маруся оказалась на нашей большой кровати голенькой.

— Смотри, настоящая красавица! — гордо воскликнула я.

Аркашка побледнел и начал:

— Ка...

Он явно хотел воскликнуть: «Какой ужас», но вовремя спохватился и добавил:

— Ка... ка... какая красавица!

Помня свой первый материнский опыт, я покормила дочку и, положив ее в кроватку, решила, что она, как когда-то Аркашка, станет мирно почивать до утра. Куда там! Машка проснулась через час и потребовала продолжения банкета.

Спокойная жизнь в доме закончилась. Мы все, сменяя друг друга, кормили ее в полночь, в час, два, три, четыре, пять, шесть часов... Маняша очень любила поесть и терпеть не могла спать. Развивалась она на удивление быстро, в восемь месяцев побежала, в год заговорила сложноподчиненными предложениями. Машуня была настоящим ураганом, неутомимым Фигаро, находящимся одновременно в трех местах. Она все видела и наматывала на ус.

Однажды моя подруга Машка, сын которой Кирюша старше Машуни на пять месяцев, пришла подменить меня. Я отправилась за продуктами, когда вернулась назад, приятельница показала забинтованную ногу.

— Что случилось? — испугалась я.

— Ерунда, — отмахнулась она, — я уронила на ступню кастрюлю и рассекла кожу. Представь себе, Машуня увидела кровь и притащила йод.

Дочери тогда едва исполнился год.

Больше всех от девочки доставалось несчастному Снапу. Его душили в объятиях, расчесывали вилкой, наряжали в распашонки и кормили супом из песка с водой. Сначала пес сопротивлялся, но потом покорился судьбе, и наконец один раз я увидела дивную картину. По длинному коридору идет Машуня, тащит за хвост несчастного Снапа. Собака едет на пузе, раскинув в разные стороны четыре лапы, глаза закрыты, на морде умиротворение.

— Снап поехал кататься, — вздохнул Димка, тоже оказавшийся свидетелем этой сцены.

Кстати, я несколько отвлекусь и расскажу замечательную историю, связанную со Снапуном.

Однажды Александр Иванович вдруг спросил:

— Послушай, каким образом седые дамы добиваются такого благородного, слегка фиолетового оттенка волос?

— Ну, это просто, — засмеялась я, — они сначала моют голову, а потом волосы ополаскивают водой с чернилами. А почему ты интересуешься?

Александр Иванович задумчиво глянул на Снапа:

— Ему бы пошла слегка фиолетовая окраска.

— За чем же дело стало? — пожала я плечами. — Пузырек у тебя на столе.

Сделав заявление, я мирно отправилась спать. Разбудил меня громкий голос мужа:

— Он получился не того цвета!

Я села, протерла глаза и заорала:

— Кто это?

На моей постели восседало совершенно инфернальное существо, перед которым меркнут персонажи «Звездных войн», густо фиолетовое, мохнатое, жуткое...

— Снап, — тихо пояснил супруг. — Я сделал все, как ты велела, помыл его, потом вылил в воду пузырек чернил...

— Сколько? — подскочила я, не сводя глаз с невероятного животного, которое топталось по пододеяльнику, оставляя повсюду, словно штамп, темные пятна.

— Пузырек, — ответил муж.

— Весь?!

— Ну да!

— С ума сошел! Добавляют всего пару капель.

— Но ты же мне об этом не сказала!

Крик возмущения застрял у меня в горле. Действительно, откуда мужчине знать подобные тонкости.

Ванну я потом оттирала год. Снапун испортил нам все постельное белье, пледы и мебель. Линять он перестал этак месяцев через шесть. После каждой мойки его шерсть принимала другой оттенок и в конце концов стала розово-голубоватой. Люди на улицах замирали при виде Снапа. Одним словом, мы добились потрясающего эффекта и даже поразили в самое сердце очень противного соседа, настоящего сноба, проживавшего на шестнадцатом этаже. Он был то ли дипломат, то ли сотрудник Внешторгбанка, короче говоря, принадлежал к элите, регулярно выезжавшей за границу. Если мы сталкивались с ним в лифте, он, не здороваясь, отворачивался к стене. Всем своим видом он давал понять: вы мне не ровня, странно, отчего живете в этом доме. Но у него имелась собачка, и однажды сердце ее владельца не выдержало, не успели мы с фиолетовым Снапом войти в лифт, как сосед сквозь зубы поинтересовался:

— И что же это за порода такая?

Пока я соображала, что ответить, Александр Иванович мгновенно выдал:

— Шотландский горный терьер.

Я закашлялась. Интересно, есть ли в Шотландии горы? А если все же они существуют, то что делать там маленьким, криволапым терьерам?

Но сосед принял сообщение за чистую монету и удивленно пробормотал:

— Первый раз встречаю такую породу.

Александр Иванович, сохраняя на лице самое серьезное выражение, ответил:

— А он один в Москве, мы не смогли в столице пару ему подыскать, придется в Великобританию на свадьбу лететь.

Меня душил хохот, но сосед после этой беседы зауважал нас чрезвычайно и начал любезно раскланиваться. Как обладателей элитной собачки, мы были им моментально причислены к кругу людей, достойных общения.

С рождением Маши перед нами встала глобальная проблема, где проводить лето. Ежу понятно, что оставлять ребенка в загазованной Москве нельзя. Аркашка и Димка отправлялись на море в пионерлагерь «Орленок», но Машка-то крохотная! Дом в Переделкине уже отобрали, требовалось снять дачу.

Сначала я побегала по писательскому поселку,

но вскоре поняла, что снять там дом на лето нам совершенно не по карману, следовало найти что-то подъемное по цене. И оно нашлось в деревне Глебовка, расположенной в семидесяти километрах от Москвы.

Несмотря на относительную близость к столице, это был настоящий медвежий угол: ни газа, ни водопровода, ни канализации. Хозяева отдали нам крохотную пеналообразную комнатушку с двумя кроватями и не менее маленькую верандочку. Сами понимаете, что Александр Иванович мог приезжать только на субботу и воскресенье, я оказалась в деревне одна и поняла, что никогда не знала трудностей, во всяком случае, бытовых. Для начала возник вопрос: «Как привезти воду?» Ближайший колодец был у ворот, но оттуда вы доставали полведра песка, поэтому за водой ходили далеко в колодец на пригорке.

Хозяйка милостиво разрешила мне пользоваться огромной, пятидесятилитровой емкостью.

— Нальешь в бидон воды, — объяснила она, — поставишь его на тележку и толкай себе помаленьку.

Усвоив теоретическую часть, я отправилась к колодцу и тут же поняла, что практика очень часто расходится с научными знаниями. Впрочем, первую часть операции я выполнила без проблем, примерно через час, наполнив алюминиевый бидон, поддела его крюком, поставила на колеса и, толкая тележку за длинную ручку, еле-еле добралась до того места, где начинался спуск с пригорка.

Тяжелую повозку поволокло вниз, я полетела

за бидоном, словно былинка. Разогнавшись, «водовозка» сломала плетень, пронеслась по грядкам и врезалась в дом. Я вломилась в стену и вся покрылась синяками.

Хозяйка, тихо матюгаясь, починила забор и восстановила порушенную плантацию.

Через пару дней я, учтя печальный опыт, решила не толкать тележку, а тащить ее за собой. На верху пригорка ручка поддала мне под зад, и я въехала в стену дома верхом на баклажке. Теперь синей стала еще и спина.

Хозяйка, увидав снова поваленную изгородь, обозлилась и отобрала у меня «водовозку» со словами: «Экая ты безрукая».

Пришлось носить воду в ведрах, что тоже у меня получалось плохо, руки выламывались из плечей, а поясница немела.

Не меньшим испытанием был и поход в туалет, причем не только для меня. Самые настоящие страдания испытывала кошка Клеопатра. Наша киска существо аккуратное, дома исправно пользовалась унитазом. Просто запрыгивала туда, а потом подходила к хозяйке, кратко сообщая: « Мяу».

И я знала, что следует пойти спустить воду. Попав в Глебовку, Клепа сначала мирно спала на терраске, а потом принялась бегать между комнатой и верандой. Я, поняв ее проблему, распахнула дверь на улицу и велела:

— Ступай под дерево.

— Мяу, — нервничала киска.

— Мяу тут в огороде, — попыталась я втолковать кошке, но та, чуть не плача, металась по избе.

Тогда я, взяв ее на руки, оттащила к зеленой будке и посадила около дырки в полу.

— Вот, пожалуйста! Мяу!

Клеопатра обозрела пейзаж, потом глянула на хозяйку. В ее чуть раскосых зеленых глазах плескался откровенный ужас. Кошка посидела пару мгновений молча, а потом с возмущением заорала:

— Мяуууу?!

В этом вопле было отвращение, смешанное с негодованием, омерзением и гневом. Переводить ее «мяуууу» на человеческий язык следовало так: «Предлагаете мне, аккуратной, интеллигентной кошке, пользоваться ЭТИМ?»

К слову сказать, несчастная Клеопатра стала ходить в будку, она не могла себе позволить осквернить участок. Вот Снапу было наплевать на коммунальные удобства, он в Глебовке чувствовал себя просто прекрасно. В особенности лучезарное настроение овладело им, когда начала поспевать клубника. Ничтоже сумняшеся Снапун рано утром выскальзывал за дверь и бежал к грядкам, на которых наливались соком ягоды. Там он быстро объедал пару кустиков и летел назад. Хитрый пес понимал, что шумная хозяйка не одобрит его набегов, и производил их в тот момент, когда ее не было на огороде. Снап страстно обожал клубнику, но, трезво оценивая ситуацию, никогда не совершал двух налетов в день. Он «пасся» только утром, когда хозяйка уходила завтракать.

Особые трудности поджидали того, кто решил принять душ. В дальнем углу огорода у хозяйки стоял... автобус, невесть где добытый рачительным дедом. Естественно, он был не на ходу, один остов. В той части, где сидят пассажиры, дед складировал дрова, а на месте водителя мы мылись. На крыше «пазика» громоздилась железная бочка, куда наливали воду. Мне это было не под силу, но бабка иногда приходила на терраску и сообщала:

— Беги скорей, я уже ополоснулась, тама ищо воды много осталося!

Один раз я увидела, каким образом дед греет воду для душа, и чуть не умерла от ужаса. Сначала он, как всегда пьяный, притащил ведро, потом взял огромный кипятильник, опустил его в воду... Если вы думаете, что он воткнул вилку в розетку и стал ждать, когда водичка потеплеет, то ошибаетесь. Электричество оно, знаете ли, денег стоит. Кто же его тратит, если рядом у избы маячит столб?

Дед приволок лестницу, кое-как взгромоздился на нее и стал «врезаться» в электролинию, подсоединяя кипятильник непосредственно к источнику тока, минуя счетчик. Старика мотало и шатало, его руки тряслись, провода никак не хотели соединяться, я жалась к избе. Господи, его же сейчас убьет током. Ну нельзя же быть таким жадным. Но ничего не случилось. Дедок, кряхтя, сполз с лестницы, кипятильник заработал. Потом я узнала, что хозяин таким образом греет воду, а хозяйка гладит, кипятит чайник на плитке и смотрит телевизор. Все электробытовые приборы в их избе имели длинные-длинные шнуры.

Приехав осенью в город, я, сев в рейсовый автобус, подавила в себе желание раздеться и поймала себя на том, что ищу глазами мочалку.

Маню мыть в «автобусе» оказалось невозможно, ребенка приходилось таскать в райцентр в баню, примерно километров пять от Глебовки.

В крохотный городок ходила маршрутка, дребезжащий всеми частями «ЛиАЗ», очень старый и постоянно ломавшийся.

Один раз мы с Маруськой, попарившись в баньке, пришли на остановку и узнали, что колымага в очередной раз скончалась, нам предстояло шлепать пешком.

Машка мгновенно заныла:

— Ножки устали, идти не хотят, глазки давно спят.

Я взвалила дочь на плечи, схватила в обе руки сумки с продуктами, купленными в торговом центре, прошагала с полкилометра и поняла, что нужно искать попутку.

Но все машины пролетали мимо, никто из водителей не хотел подбирать женщину с ребенком. Я приуныла, и тут возле нас притормозила странная конструкция. Нечто, больше всего похожее на железный короб, впереди имелся намек на кабину, сверху торчала изогнутая железная труба, нависающая над водителем, крыши не наблюдалось.

Все это, трясясь и громыхая, остановилось. Шофер, носатый дядька лет шестидесяти, спросил:

— Из бани, что ль, с девкой претеся?

Я кивнула.

— Автобус-то сдох, — продолжал водитель.

Дарья Донцова

— Знаю.

— Залазай ко мне, — велел носатый. — До Глебовки везти? Давай. Мне по дороге будет. Притомилась, чай, со спиногрызкой и тюками на горбу.

Обрадованная донельзя, я впихнула в «кабину» Маню, втянула сумки, и колымага поплюхала вперед со скоростью беременной черепахи. В кабине, несмотря на отсутствие окон и крыши, чем-то нестерпимо воняло. Мы подпрыгивали на ухабах, потом дядька велел:

— Эй, подпевай, — и завел: — «По долинам и по взгорьям шла дивизия вперед...»

Мне стало весело, и я заорала вместе с ним:

— «Чтобы с боем взять Приморье, белой армии оплот!»

Горланя революционные песни, мы добрались до церкви, Машка отчего-то беспрестанно чихала, у меня скребло в горле, а в глаза словно кто-то насыпал песку.

— Усе, — сообщил добрый самаритянин, — приперлись до места, мне налево, а тебе пехом чапать.

Я попыталась вручить шоферу «на бутылку», но он, выматерившись, заявил:

— Ваще офигела! Стану я у бабы с дитем последнее отнимать, да и по дороге было вместе веселей, эхма, петь люблю.

Я стала благодарить его.

— Во народ, — оборвал он меня, — я ничего ж не сделал, греби себе в деревню, только комбикорм вытряхни.

— Что? — удивилась я.

Водитель ткнул корявым пальцем в короб и торчавшую из него железку.

— На птицефабрику корма везу, вот из трубы на голову, зараза, сыплется!

Я оглядела Машку и увидела, что та вся покрыта липкой зеленой пылью, впрочем, и сама я была не краше.

Вот почему девочка кашляла, а у меня першило в горе и чесались глаза: нас обсыпало едой для кур!

— Ну прощевай, — кивнул шофер, — мабуть, ищо свидимся.

Он влез за руль, включил мотор и завопил:

— «Буря, ветер, ураганы, нам не страшен океан...»

С ужасающим хлюпаньем колымага двинулась вперед. А мы с Маней поплелись на речку смывать комбикорм.

Но не зря говорят, что человек ко всему привыкает. На следующий год я уже вполне споро управлялась с ведрами, не боялась соседской коровы, отгоняла палкой противных индюков, ловко полоскала на речке белье. Перестали меня пугать и хозяева. Дело в том, что дед пил до положения риз. Мне, никогда не жившей с алкоголиками, сначала было жутко наблюдать за жизнью супружеской пары. Дедок, приняв на грудь, начинал бегать за бабкой с топором и вопить:

— Ща убью заразу, усю мне жизню покалечила!

Старуха орала и уносилась по грядкам вдаль. Я пугалась безмерно, хватала Маню, Снапа, Клеопатру и удирала за околицу. Там я отсиживалась около часа, а потом кралась назад, до дрожи боясь разбудить деда, спавшего прямо на земле, в лопухах. Но потом пришло понимание: это у них ритуал такой, игра в догонялки.

Поэтому на втором году нашего пребывания в Глебовке я спокойно наблюдала, как дедок носится за бабкой вокруг избы, размахивая над головой колуном.

Один раз они устроили свои гонки, когда я пила чай. Вдруг раскрылась дверь, бабка влетела ко мне и шмыгнула под стол. Через секунду на пороге возник дед с самым безумным видом и заорал:

— А ну все на ..., зарублю на ..., вылазь ...!

Я топнула ногой:

— Пошел вон с моей половины! Я деньги за лето заплатила и хочу жить спокойно! Ступай к себе, там и безобразничай!

Дед попятился:

— Ладно, ладно, ты, Грань, не сердися, уже убег!

Чуть ли не на цыпочках дедок вышел во двор. Несмотря на пьянство и вздорный характер, он был честным человеком. Раз жильцы деньги заплатили — пусть отдыхают.

Бабка, кряхтя, выползла из-под стола. Я угостила ее чаем с мармеладом. Старуха скушала пару чашечек и вдруг сказала:

— Знаешь, чаво мой бузит? Ревнует! Твой муж тихий совсем, ученый человек, а квелый. Мой же хоть и дурак, да любит меня. Вона как с топориком носится, по молодым годам и прибить мог, я вся синяя ходила, чистый баклажан!

В ее голосе слышалась откровенная гордость и жалость ко мне, которую муж так не любит, что даже не бьет по субботам.

Много интересного пережили мы в Глебовке. На третьем году нашей деревенской эпопеи у соседей случился пожар. Как на грех, именно в этот день бабка отправилась на рынок торговать картошкой, а дед получил пенсию и удрапал в магазин за бутылкой.

Когда занялась соседняя изба, я перепугалась настолько, что вылетела во двор в одной майке, забыв надеть юбку. Огонь полыхал вовсю. Жители деревни сбежались и молча стали наблюдать за происходящим. Никто из них не схватил ведра с водой и не полез выносить вещи. В огонь кинулись лишь Кеша и Леша, муж второй бабкиной дачницы, моей хорошей знакомой Гали. Она вместе с супругом и дочкой Катей жила у старухи на огороде, в сарайчике.

Кешка с Лешей повыбрасывали наружу что сумели, вытащили холодильник, телевизор и бросились спасать бабкин дом.

Сын залез на крышу, Алексей подавал ему ведра с водой, мальчик поливал крышу и стены, огонь вплотную подступал к нашей избе. Я металась от колодца с ведрами, забыв про то, что ношусь полуголой, Маня и Катя, совсем крошки, вытаскивали на всякий случай все вещи из избы... У нас не хватало ни рук, ни ног, а деревенские спокойно лузгали семечки.

— Ща рванет, — сказал один из мужиков, — тама у Надьки баллоны с газом.

Не успел он вымолвить эту фразу, как раздалось оглушительное «ба-бах». Крыша избы подлетела вверх, я с ужасом увидела, как ноги Аркашки взметнулись к солнцу. Потом оцинкованное железо хлопнулось назад, Кеша, непонятным образом удержавшийся за трубу, заорал:

— Леха, рой вокруг дома яму!

В общем, часа два мы отбивали избу у огня и победили. От соседского дома остались страшные черные головешки, наша «дача» стояла в целости и сохранности.

Переведя дух, мы оглядели друг друга. Галка, вся в пепле и саже, в разорванной кофте, Машка и Катя, похожие на чертенят, босые и мокрые с головы до ног, Кеша, всклокоченный, порезавший руки о крышу, Леша с рассеченным лбом, Снап, абсолютный терьер-негр, Клеопатра в песке и я без юбки, с обезумевшим взором.

С трудом успокоившись, мы сбегали на речку, вымыли кое-как детей, ополоснулись сами, отстирали там Снапа, Клеопатру и Галкину кошку по имени Симка, а потом решили попить чаю.

Но не успели мы разлить его по чашкам, как раздался дикий треск. В полном ужасе вся компания вылетела во двор. Мне с перепугу показалось, что теперь загорелись другие соседи, живущие слева, но перед глазами предстала иная картина. Забор повален, а в огороде стоит пожарная машина.

— Эй, девки, — заорал один из работников брандспойта, — где тута горит? Вызов пришел из вашей Глебовки.

Я без сил опустилась на крыльцо.

— Уже все погорело, — сообщил Леша.

— Два часа назад, — уточнил Кеша.

— Вы бы еще через неделю прикатили, — обозлилась Галка.

— И чаво бухтеть, — зевнул пожарный, — у нас техника поломатая. Скажи спасибо, что ваще явились!

Продолжая ворчать, он развернул машину, обрушил в придачу еще и забор соседей, живущих напротив, а потом с чувством выполненного долга отбыл.

Впрочем, ради справедливости следует заметить, что не только пожарные отличались в тех местах медлительностью.

Однажды у Галки случился приступ холецистита, и я с перепугу вызвала «Скорую». Так вот, набрала я номер «03» в среду вечером, а врачи прикатили в пятницу утром и очень злились, узнав, что больная давным-давно своим ходом поплелась в клинику. Подруга отправила мне на день рождения телеграмму, и почтальон принес ее первого июля, ровно через три недели после отсылки. Ейбогу, быстрее было сбегать пешком из Москвы в Глебовку и назад. Почту сюда доставляли по принципу: ведь приволокли же, чего еще надо. А за сроком годности продуктов в деревенской лавке никто не следил.

В девяносто втором году умер Снапик, как раз на Рождество, седьмого января. Когда Димка унес его тело в коробке из дома, со мной случилась истерика, Александра Ивановича не было в то время в Москве, Кеша служил в армии.

Минут через пятнадцать после того, как Дима ушел, раздался звонок. Я распахнула дверь и увидела долговязую фигуру в шинели не по размеру. Совершенно неожиданно вернулся Кеша, мы ждали его только в конце января.

Кончину Снапа все пережили очень тяжело, тот, кто терял собаку, знает, как трудно потом жить, не слыша бодрого цоканья коготков по полу. На глаза все время попадаются миски, поводок, изгрызенные игрушки, байковое одеяльце. Ночью я просыпалась от того, что мне слишком удобно спать, рядом на подушке не было морды Снапа... Раньше я злилась на него за привычку сопеть мне прямо в лицо, теперь была готова отдать все, чтобы снова увидеть Снапуна. Но мертвые никогда к нам не возвращаются.

Спустя неделю после смерти Снапа мне приснился яркий, абсолютно невероятный сон. На зеленой поляне, усеянной белыми маргаритками, гуляют бабушка и папа, отчего-то одетые в ярко-красную одежду. Между ними бежит радостный, бодрый, совершенно здоровый Снапунька. Фася, улыбнувшись, сказала мне:

— Ну перестань! Видишь, мы все вместе. Снап нашел нас.

— Хорошая собака, — подхватил папа, — и с остальными подружилась.

Он повернулся, и я увидела в потоке солнечных лучей, заливающих поляну, своих давно умерших животных: пуделих Крошку и Люку, «дворянина» Дика, кошку Дымку.

— Хорошо им вместе, — продолжил папа.

— Мы обязательно увидимся, — кивнула бабушка.

— Не сейчас, — перебил ее отец и помахал мне рукой.

Я проснулась в холодном поту, мне никогда не снятся сны, обычно я просто кладу голову на подушку и проваливаюсь в яму, а тут такое представление. Я не верю в «тот свет», но после этого сновидения отчего-то успокоилась, мне стало казаться, что папа, бабушка, все наши животные живы, просто находятся сейчас временно далеко от меня, но мы непременно будем вместе.

Без собаки было очень тяжело, к тому же Манюня каждое утро, просыпаясь, кричала из кроватки:

— Снапуня, прыгай сюда!

Потом она вспоминала, что лучший друг умер, и заливалась слезами. Видя такое положение вещей, Александр Иванович схватил газету объявлений и моментально позвонил по первому попавшемуся на глаза номеру. У хозяйки оказались пуделя, за щенка она хотела пятнадцать тысяч неденоминированных рублей. Такой суммы у нас не имелось. И вдруг мне в голову пришла гениальная идея: а ваучеры? Помните эти бумажки? Около каждой станции метро тогда толклись молодые люди с табличками на шее: «Куплю ваучер».

Я схватила Машку, и мы понеслись на проспект. Но около «Аэропорта» предлагали за один четыре тысячи, у нас же имелось три ваучера. Пришлось ехать дальше. Часа два мы с Машуней носились по метро, но чем дольше катались, тем меньше оказывалась предлагаемая цена.

Девочка устала, но держалась стойко. На «Тверской» мы узнали, что здесь нам за ваучер дадут всего три пятьсот. Я приуныла, а Машка неожиданно заревела, спрашивая:

— Нам все равно не хватит на собачку?

Продавец заинтересовался, и Машуня мгновенно рассказала ему про смерть Снапа, объявление и пятнадцать тысяч. Парень вытащил сумку, отсчитал нужную сумму и сказал:

— Купи себе собаку.

Вот так в нашем доме поселилась черная пуделиха Черри, лохматое, крайне интеллигентное существо. Она не съела ни одной тапочки, не обгрызала ножки у мебели, не безобразничала... С трехмесячного возраста Черрепета была очень воспитанной собачкой, да еще оказалось, что она не любит сладкое. Протянутая конфета оставляет нашу собаку совершенно равнодушной, вот перед соленым крекером она не устоит никогда.

Только не подумайте, что это я так выдрессировала пуделиху. Обучением Черри занималась кошка Клеопатра, у которой имелся огромный опыт по выращиванию потомства! Наша киска каждый раз привозила из Глебовки котят. 30 августа мы перебирались в город, а в середине октября на свет появлялись пищащие комочки. Говорят, что кошки в момент родов прячутся от людей, забиваются в угол. Наша же, наоборот, бежала к хозяевам. Один раз Александр Иванович сидел ночью за письменным столом и работал. Он так увлекся, что не заметил, как Клепа вспрыгнула на бумаги. Котята выползли прямо на рукопись очередного учебника. В другой раз она пришла в кровать к Александру Ивановичу, муж, проснувшись, обнаружил справа от себя двух новорожденных, а на его груди лежала киска, производящая на свет третьего котенка.

Потом мы переносили потомство в ящик из-под бананов, и Клепа торжественно укладывалась рядом. Она была великолепной матерью, безукоризненно мыла и кормила детей, играла с ними.

Примерно через месяц после рождения котята выкарабкивались из «гнезда» и начинали осваивать квартиру. У нас объявлялось осадное положение. Александр Иванович, крупный мужчина, весом около ста килограммов, шаркал по комнатам, словно древний старик. Боясь раздавить кого-нибудь из Клепиных отпрысков, он предпочитал передвигаться, как на лыжах, не отрывая ступни от пола. Котята же носились по нашим длинным коридорам, задрав хвосты. Лучшим развлечением все они отчего-то считали притаиться за углом, а потом с сердитым фырканьем выскочить на ничего не подозревавшего члена семьи.

Один раз Аркашка шел в комнату, и на него налетел котенок. Сын, боясь наступить на наглое создание, попятился, оступился и рухнул на пол с высоты своего двухметрового роста.

Еще котятки быстро осваивали упоительную забаву: они взбирались вверх по занавескам, а потом, вцепившись когтями в материал, съезжали, как на коньках, вниз. Все гардины у нас стали похожими на лапшу.

Как-то мы с Александром Ивановичем пошли в театр и, торопясь на спектакль, забыли закрыть дверь в его кабинет. Вернувшись вечером, мы просто остолбенели. Все бумаги, рукописи, письма оказались на полу. Чужую диссертацию, отданную моему мужу на рецензию, толстенный том в роскошном кожаном переплете, котята сдвинуть не смогли, зато сладострастно объели его со всех сторон. Хвостатых разбойников привлек запах клея.

Супруг пришел в ужас. На завтра, на раннее утро, был назначен ученый совет, на котором следовало представить эту диссертацию. Переплести ее заново мы не успевали никоим образом, и Александру Ивановичу пришлось нести работу в обгрызенном виде.

Когда муж выложил том на стол, члены ученого совета замерли, потом один из них, пожилой профессор, откашлявшись, заявил:

— Многоуважаемый коллега, мы предполагали, что сия работа вызовет некоторое ваше недовольство, но и подумать не могли, до какой степени она обозлит вас!

Александр Иванович хотел было объяснить, что он не грыз переплет, негодуя на глупость диссертанта, но не стал рассказывать про котят, о них и так на факультете ходила тьма историй, причем совершенно правдивых.

Однажды, уже будучи заведующим кафедрой, Александр Иванович проводил ритуальное, еженедельное собрание. Его коллектив много лет подряд заседает по вторникам, с шестнадцати ноль-ноль. Даже если начнется потоп, упадет комета или взорвется вулкан, сотрудники, не обращая внимания ни на что, спокойно рассядутся в комнате. К телефону никто не подходит, все обсуждают текущие проблемы, коих у преподавателей немерено.

Но в тот день плавное течение беседы внезапно прервалось возгласом секретарши:

— Александр Иванович, вам звонят из дома.

Муж перепугался, он был уверен, что ни я, ни сыновья никогда не станем трезвонить сюда по вторникам. Мы все знаем: заседание кафедры — это святое. Значит, дома случился форс-мажор.

— Переключите сюда телефон, — велел Александр Иванович.

Но секретарша не так поняла заведующего и врубила громкую связь. Над аудиторией понесся веселый, чуть картавый голосок Маруськи:

— Папочка, папочка, Клепа рожает котят в шкафу на твоих трусиках, на беленьких, которые вчера купила мама. Уже появился рыжий котеночек, а теперь лезет черненький...

Отец попытался остановить дочь, но Машуню нельзя сбить с толку, и вся кафедра минут десять внимала репортажу о кошачьих родах. К слову сказать, многие сотрудники, сами кошатники, оживились чрезвычайно, им намного больше нравилось слушать отчет Машуни, чем обсуждать план учебной работы.

Самое непосредственное участие в уходе за котятами принимала Черри. Стоило Клеопатре родить, как пуделиха опрометью бросалась к ящику. Кошка разрешала ей облизывать новорожденных. Более того, хитрая Клепа пользовалась пуделихой, как живой грелкой. Если кошке хотелось отвлечься от материнских забот, она принималась требовательно мяукать. Черри приносилась на зов, Клепа выпрыгивала из «гнезда», собака ложилась на ее место и находилась там до тех пор, пока кошке не надоедало гулять. Самое интересное, что все ее котята потом никогда не боялись собак и умели носить в зубах мячик. Кстати, мои собаки, воспитанные Клепой, умываются по-кошачьи, вытягивают переднюю лапу, облизывают ее и начинают тереть ею морду. Вот таких ухваток они набрались друг от друга. А еще наша пуделиха в Глебовке ловко ловила мышей, Клепа показала ей пару охотничьих приемов.

Однажды я наблюдала из окна избы восхитительную картину. К Клеопатре явилось штук шесть женихов, деревенских котов, самого устрашающего вида. Один без уха, другой без глаза, третий с поломанным хвостом. Все опытные вояки в битвах за лапу и сердце понравившейся кошки, когтястые, зубастые и очень злые. Они сели кружком и завыли утробными голосами. Клепа находилась в центре, на ее морде было написано раздумье: кого из женихов выбрать сегодня?

Вдруг в общий хор вплелся другой голос, более высокой тональности. Я пригляделась и ахнула. В ряду котов восседала Черри, ее деревенские ухажеры, мгновенно вступавшие в битву с собаками, посчитали за свою и пустили на свадьбу.

Когда Марусе исполнилось три года, мы отдали ее в сад, а я вышла на работу, не в «Вечерку» и не в библиотеку. Мне нашлось место в журнале «Отчизна». Я продержалась там совсем недолго и убежала куда глаза глядят, тому имелось несколько причин, и одна из них — начавшаяся гласность.

Я, воспитанная в советские времена и работавшая в «Вечерке» под бдительным оком цензуры, просто растерялась. То, за что пару лет назад могли посадить, теперь считалось лучшей темой для репортажа. На страницах журналов и газет печатались материалы о тюрьмах, взятках в верхах власти, коррупции. Появились и «желтые» издания, смакующие подробности интимной жизни известных людей.

Потом мне стало противно. Кое-кто из моих коллег по «Вечерней Москве» мгновенно трансформировался в демократа и яростно обличал коммунистические порядки. Диссиденты и борцы с режимом Брежнева начали собираться роями. Но я-то хорошо знала этих людей и помнила, как в восьмидесятом году они же, бия себя в грудь, кричали на летучках:

— Партия — наш рулевой, поддерживаем и одобряем политику Леонида Ильича Брежнева.

И я поняла, что работать в периодических изданиях не хочу. Да и о чем мне писать? Делать репортажи из морга, стриптиз-бара или подпольного абортария не желаю, воспевать демократию не буду, ругать прежние, пусть не слишком хорошие времена не считаю правильным... Со всей остротой передо мной встал извечный русский вопрос: что делать?

Решение пришло совершенно случайно. Однажды ко мне прибежала соседка и попросила проверить уроки у своей дочери, ученицы третьего класса.

— Двойку в четверти по немецкому ставят, — убивалась Ася.

Я растолковала девочке кое-какие грамматические трудности, ребенок стал ходить ко мне регулярно, в конце концов Ася предложила:

— Я могу платить за урок десять долларов, возьми Ленку.

И я поняла, что заработок найден. Вот когда я добрым словом вспомнила свою преподавательницу, велевшую мне получить диплом «с правом преподавания иностранных языков». Ей-богу, все в жизни может пригодиться. В самый короткий срок я обросла диким количеством учеников. Из дома убегала в девять, возвращалась тоже в девять, еле живая от усталости, волоча каменно-тяжелые ноги. А всему виной была моя редкостная жадность, ведь чем больше занятий, тем выше заработок. Уроки прессовались плотным комом, одна беда, почти все ученики находились в разных концах столицы: Медведково, Измайлово, Черемушки, Кунцево, Митино...

Если, работая в газете, я хорошо изучила Москву, то теперь знала ее досконально. Я была вхожа в самые разные семьи, становилась свидетельницей жизни десятков людей. И дети, и родители попадались разные, на первых порах я допускала ошибки, особенно при денежных расчетах.

Одной из моих первых учениц была девочка Танечка, милое белобрысое существо, совершенно неспособное сосредоточиться даже на пять минут. Ее мама долго и нудно жаловалась мне на то, как трудно поднимать ребенка без отца, потом спросила:

— Можно я буду платить не за один урок, а потом сразу за десять?

Я, очень хорошо помнившая, каково жить матерью-одиночкой, естественно, согласилась. Но в «расчетный» день мама Тани, вздыхая, сказала:

— Давайте потом за двадцать занятий отдам, напряженка у меня.

И куда было деваться? Я кивнула. Когда долг достиг астрономической суммы в четыреста долларов, я решила все же потребовать заработанное и полночи не спала, собираясь с мужеством. Очень трудно заявить человеку: «Отдай деньги!» Мне такое всегда было не под силу.

Но в то утро, набравшись окаянства, я уже собралась выдвинуть Таниной матери ультиматум, как вдруг она сама позвонила и сообщила:

— У нас ветрянка, приходить не надо.

Целый месяц потом я безуспешно пыталась соединиться с дамой. Телефонную трубку никто не брал, наконец откликнулся мужчина и заявил:

— А они съехали.

— Куда? — растерянно спросила я.

— Фиг их знает, — отозвался дядька. — Квартиру продали.

Так я и осталась без денег и, наученная горьким опытом, теперь всегда просила оплату в конце каждого урока. Впрочем, один раз я дала слабину, но, когда долг достиг двухсот долларов, я, поняв, что ситуация повторяется, просто перестала ходить к этим людям.

Материальное положение моих учеников было разным. Дима жил в небольшой двухкомнатной квартирке, далеко от метро, вместе с мамой и бабушкой. У них было невероятно тесно, но в доме царила такая атмосфера, что я с удовольствием вбивала в неподатливую Димину голову неправильные немецкие глаголы. Димочка оказался редкостным лентяем, но совершенно очаровательным человечком, непоседливым любителем футбола, после занятий с ним я совершенно не уставала. В квартире постоянно вкусно пахло, и с порога становилось понятно: здесь живут материально трудно, но в любви и согласии.

Еще одна очаровательная девочка Анечка тоже жила с родителями в крохотной кубатуре, в ее комнате мы с трудом помещались вдвоем во время занятий, зато Анечка была на редкость талантлива, улыбчива, обладала чувством юмора и всегда заботливо спрашивала у меня:

— Может, чайку налить? Вы, наверное, устали?

Чай предложили мне и в роскошной квартире у

Юры. Его мама выплыла откуда-то из анфилады комнат с бронзовыми люстрами и процедила:

— Желаете чаю?

Я никогда не ела у своих учеников, мне это казалось неприличным, исключение делалось только у Димы, его бабушка угощала такими пирожками, что дух захватывало от восторга.

Но Юра был проблемным мальчиком, его мама была неуловимой, поэтому я, решив поговорить с ней, кивнула:

— Спасибо.

Мамаша небрежно махнула ручкой с бриллиантовыми колечками:

— Ступайте на кухню, поешьте с прислугой.

Через год работы репетитором я поняла одну вещь: родители сами делают своих детей несчастными. Большинство из мамаш орет на сыновей и дочерей, считая главной доблестью пятерку в школе. Никому не приходит в голову, что ребенку просто неинтересно учиться, а в его неуспеваемости виноваты педагоги. Особенно отличалась суровостью мама Пети.

— Я из тебя человека сделаю, — визжала она, отвешивая сыну подзатыльники, — опять «банан» принес по немецкому!

Бесполезно было объяснять ей неправильность такого поведения. Став в очередной раз свидетельницей бурного скандала, я сурово сказала:

— Уважаемая Нина Ивановна, вот вам листок, тут десять глаголов, их следует выучить к среде.

— Зачем? — удивилась истеричка.

— Будем заниматься с Петей по новой методе, которая требует вашего присутствия, — лихо соврала я.

Петина мама, нигде не работавшая женщина, сделала смыслом своей жизни воспитание из сына настоящего человека, поэтому она охотно согласилась на участие в эксперименте.

В среду я появилась в их доме и устроила ей контрольную. Бедная Нина Ивановна, не ожидавшая от учительницы столь коварного поведения, лепетала:

— Ich seion...

— Неправильно, — резко оборвала я, — плохо учили.

— Du sein...

— Отвратительно!

Нина Ивановна растерянно уставилась на меня:

— Я забыла!

— Не верю, небось телик смотрели.

— Да что вы, — стала отбиваться она, — я зубрила, зубрила...

Помучив ее еще немного, я улыбнулась:

— А теперь представьте, каково вашему сыну! На него ежедневно наваливаются уроки, как минимум по пяти предметам, да и учителя не стесняются в выражениях, каждый ругает как умеет. А когда несчастный мальчишка является домой, на него с кулаками налетаете вы и топаете ногами. Ну как вам понравилось зубрить глаголы? Между прочим, вы так и не сумели их выучить. Окажись сейчас на вашем месте Петя, вы бы лишили его телевизора и схватились за ремень.

Нина Ивановна уставилась на молчащего сына, в ее глазах заплескалась никогда ранее не замечаемая мною жалость. Наконец-то до мамаши дошло: учиться совсем не так легко, как кажется, не всегда Петя виноват.

Иногда бывало наоборот: нормальные родители и совершенно отвратительный ребенок. Леночка считала, что весь мир принадлежит ей. Мне она грубила, швыряла на пол учебники и ручку, а однажды велела:

— А ну сделай домашнее задание!

Я покачала головой:

— Оно твое, объясню тебе правило, и берись за работу.

Лена скинула на пол тетрадь.

— Подними и напиши упражнение, — нагло заявила она.

Я рассмеялась, девочка надулась и прошипела:

— Тебе заплачено, вот и отрабатывай.

Решив не ссориться с капризницей, я спокойно ответила:

— Деньги мне дают за то, чтобы я научила тебя саму справляться с упражнениями.

Леночка обозлилась:

— Ага, тогда я скажу маме, что ты ничего не знаешь и бьешь меня линейкой. Не хочешь потерять работу — бери тетрадь и пиши сочинение.

Я, к сожалению, человек импульсивный, к тому же не имею высшего педагогического образования, поэтому моментально вышвырнула тетрадку в окно и треснула Лену линейкой по лбу.

— Что ты делаешь? — завопила девочка. — С ума сошла!

— Вовсе нет, — ухмыльнулась я, — просто я очень не люблю, когда дети врут, теперь у тебя будет основание честно сказать родителям: «Агриппина Аркадьевна дерется».

Потом я сгребла книжки в сумку и пошла к двери. Леночка в своей жизни выучила пока только один аргумент.

— Тебе заплачено! — взвизгнула она. — А ну на место! Тебя купили!

Я обернулась.

— Котик, даже у твоих родителей не хватит денег, чтобы купить меня, кишка тонка!

— Мой папа, — заверещала Леночка, — богаче всех, он тебе покажет!

Я спокойно надела ботинки, пальто и, посмотрев на красную, злую Леночку, заявила:

— Знаешь, котик, как ни жаль, но тебе придется в дальнейшем смириться с тем, что твой отец все же не всесилен!

Больше я в этот дом не приходила никогда. Самое интересное, что Лена устроила отцу жуткий скандал, требуя вернуть мятежную учительницу. Ее папа, и впрямь очень богатый человек, из тех, кого принято теперь называть олигархами, начал названивать нам домой и, услыхав мое решительное «нет», набавлял цену. Постепенно он дошел до ста долларов за час, огромная сумма для репетитора, но я не могла дать Леночке повод воскликнуть: «Ага! Вернулась! Говорила же я, что все купить можно».

Немецкий язык изучали не только дети, у меня было много взрослых учеников. С ними оказалось легче, они спокойно объединялись в группы и особых хлопот мне не доставляли.

Одна из таких групп образовалась в книжном магазине «Молодая гвардия», несколько лет я растолковывала милым женщинам-продавщицам азы немецкой грамматики. Это было место, куда ноги меня несли с радостью, уж очень приятная атмосфера царила тут. Я быстро подружилась с директрисой Ниной Егоровной, ее заместительницей Людмилой Сергеевной, заведующей складом Любовью Васильевной, продавщицами — Светочкой и Инночкой. Несмотря на разный возраст, нас многое объединяло. Мы все были работающие женщины, кто с мужем, кто без оного, с напряженным графиком и кучей забот, и очень хорошо понимали друг друга. Я отдыхала душой во время занятий в «Молодой гвардии», мы дружим до сих пор, и это единственный книжный магазин Москвы, где я после общения с читателями не чувствую себя выжатым лимоном. Меня тут очень любят и всегда готовят сюрпризы. Нина Егоровна никогда не забывает угостить креветками, а Людмила Сергеевна, зная о моей аллергии, тщательно выбирает букет, не дай бог, в нем попадется лилия!

Узнав о том, что Агриппина Аркадьевна стала писательницей Дарьей Донцовой, сотрудники «Молодой гвардии» пришли в щенячий восторг. Для начала они заказали на складе «ЭКСМО» огромное количество экземпляров книжки «Крутые наследнички», а потом принялись упорно впихивать покупателям произведение никому не известного автора.

«Крутые наследнички» поселились даже в отделах упаковки, канцелярских товаров и сувениров. Каждый продавец считал своим долгом заявить:

— Купите, порадуйте себя, классная вещь.

А с потолка гремело радио:

— Донцова — гениальна, Донцова — супер, покупайте Донцову.

В 1993-м Машка пошла в школу. Накануне первого сентября со мной случилась истерика, я судорожно рыдала, приговаривая:

— Ну вот, опять годы мучений!

Честно говоря, я готовилась к самому худшему, ожидала двоек, исчерканного красными чернилами дневника, гневных воплей, вызовов к директору... Уж слишком тяжелый опыт имелся у меня, мальчишки за время «бурсы» выпили всю мою кровь.

Но с Маруськой мне повезло. С первого дня она стала сама выполнять домашние задания. За полчаса все было аккуратно решено и записано без ошибок. Стихи дочка учила гениально, прочитывала один раз и запоминала навсегда. Маняша ходила в секцию спортивной гимнастики в ЦСКА, плавала в бассейне, учила английский, и все с улыбкой. У нее никогда не было плохого настроения и четверок. Только пятерки.

На родительские собрания я не ходила, страшно боялась. Глупо, но поделать с собой ничего не могла. Классе в девятом Машина классная руководительница Милада Геннадьевна робко попросила:

— Агриппина Аркадьевна, душенька, ну пожалуйста, загляните на полчасика, у нас праздник, дети сдали экзамены.

Пришлось плестись в школу. В классе я забилась в угол и через некоторое время услышала, как Милада Геннадьевна нахваливает какую-то ученицу, все эпитеты были только в превосходной степени, и я ощутила легкий укол зависти. «Бывают же на свете счастливые родители круглых отличниц». Ровно через минуту до меня дошло: этот чудо-ребенок, это сказочное существо, эта восхитительная девочка моя Маня.

Класс обычно настороженно относится к учительским любимчикам, но Маше разрешалось все, друзей у нее целая армия.

В феврале этого года я прибежала домой, заглянула в комнату Манюши и увидела дочь, роющуюся в кипе бумажек.

— Чем занимаешься? — поинтересовалась я.

Маня хихикнула:

— Во, валентинки разбираю, целую кучу прислали.

Потом у нас появился компьютер и программа ай-си-кью. Главный хакер в семье Маня, я редко беру в руки «мышку», только если требуется ответить на почту. Однажды вечером, когда Маша ушла на английский, мне срочно понадобилось прочитать одну статью. Я загрузила машину, увидела Маруськин контактный лист и ахнула: человек триста, не меньше.

В общем, до лета 1996 года наша жизнь была совершенно счастливой. Александр Иванович стал сначала доктором наук, профессором, а потом академиком. Мальчишки были пристроены к делу, Машка росла, любимая собака, кошка и котята бегали по дому, я носилась по ученикам, материальное положение стабилизировалось, мы расправили крылья и стали мечтать о покупке собственной дачи, маленького домика в деревне, где станем проводить лето, жить в Глебовке надоело до икоты.

В июле девяносто шестого мы с Александром Ивановичем и Маней отправились отдыхать в Тунис. Вместе с нами поехала и моя подруга Оксана с сыном Денисом.

Первые дни прошли великолепно: солнце, фрукты, танцы... Дней через пять верхняя часть купальника внезапно стала мне мала. Нельзя сказать, чтобы я расстроилась. Господь забыл одарить Грушеньку бюстом, мои формы с трудом дотягивали до первого размера, мне хотелось же иметь по меньшей мере третий. Сначала я переживала, усиленно ела капусту, но потом поняла, что занимаюсь ерундой, и решила донашивать то, чем богата. И вдруг в сорок пять лет мой бюст стремительно начал расти.

Страшно довольная собой, я продемонстрировала «успехи» Оксане, хирургу по профессии.

В глазах подруги заплескался ужас.

— Немедленно в Москву, — велела она, — первым же самолетом.

Я возмутилась:

— Еще чего! Мы же отдыхать приехали, — и не послушалась Оксанку.

К врачу я пошла лишь в сентябре, несмотря на приказы подруги. Грудь не только росла, она еще начала болеть. Не посоветовавшись с Оксанкой, я отправилась в Институт Герцена к профессору-онкологу. Он принял меня сурово и, едва осмотрев, заявил:

— Рак. Где же вы ходили, милочка? Запущенная стадия, скорей всего, метастазы в легких, печени... Впрочем, можно попробовать соперироваться, хотя особого смысла я не вижу. Думается, вам осталось жить месяца три.

До сих пор не понимаю, каким образом мне удалось устоять на ногах, отчего я не упала в обморок. Кое-как собрав волю в кулак, я пролепетала:

— Давайте операцию сделаем.

— А смысл? — нахмурилось светило. — Хотя... ладно, наши расценки таковы: оперативное вмешательство...

Он стал называть цифры. Я тупо качала головой.

— Вы подумайте, — завершил чтение «прейскуранта» профессор, — может, лучше не тратиться, средства еще понадобятся.

Хорошо хоть он не прибавил: на похороны и поминки. Я выпала на улицу, машинально влезла в подошедший автобус и залилась слезами. В салоне оказался контролер, но он, увидев, что женщина, севшая на остановке «Онкологический институт имени Герцена», рыдает навзрыд, не потребовал у меня билета, я ехала «зайцем», забыв про все на свете, утирая слезы рукавом кофты. Неожиданно приступ отчаяния и жалости к себе прошел. В голове заворочались другие мысли.

Говорить ли Александру Ивановичу о диагнозе? Если мне осталось на земле всего три месяца, то стоит ли омрачать этот срок больницей? Может, просто тихо умереть, не обременяя близких? Что станется с детьми? Аркашке двадцать четыре, Димке на год меньше, но Маруське-то десять! Каково ей придется без мамы? А моя собака? Кошка? Котята? На кого их оставить! Нет, нужно срочно искать для Александра Ивановича новую жену, такую, которая сумеет целиком и полностью заменить меня. Умную, добрую, интеллигентную женщину, отличную хозяйку, самостоятельно зарабатывающую, любящую детей и животных, способную прощать капризы...

И такая женщина есть, это Оксана! У нее двое сыновей, три собаки, она феерически готовит... Подавившись слезами, я рванула к подруге.

Та, открыв дверь и увидев на пороге меня, перемазанную тушью, губной помадой и соплями, страшно перепугалась и выкрикнула:

— Что? Что случилось? Маша? Саша?

Я села на пол, обняла стаффордширскую тереху Рейчел, двух скотчтерьеров, Бетти и Пешу, потом мрачно заявила:

— Ты обязана прямо сейчас выйти замуж за Александра Ивановича, я хочу лично присутствовать на вашей свадьбе!

Оксана не имеет образования психолога, но, стоя каждый день около операционного стола, а потом выхаживая больных, превратилась в классного психотерапевта.

— Конечно, конечно, — закивала она, вытаскивая меня из стаи собак, — пошли на кухню, там и поболтаем.

Выслушав мой рассказ, Оксана обозлилась до жути, вскочила, уронила на пол хорошенькую чашечку, украшенную изображением скотчтерьера, и заорала:

— Да этот профессор идиот. Гиббон! Помесь кретина с крысой! Разве так диагноз ставят! Бросил беглый взгляд и все понял! Урод!

В моей душе забрезжила надежда:

— А что, он мог ошибиться?

Оксана всплеснула руками:

— Господи, сто раз! Сначала делают всякие анализы, берут пункцию. Метастазы в легких! Да у него самого вместо мозга дерьмо!

Потом она неожиданно заплакала, я испугалась.

— Вот видишь, мне так плохо, что у тебя слезы потекли.

— Иди ты на фиг, — простонала Оксанка, — всех переживешь, мне чашку жалко со скотчами, ее Дениска привез, где я теперь такую достану, а?

Неожиданно с моей души свалилась бетонная

плита. Если Оксанка убивается по расколотой чашке, значит, мне не так плохо.

— Завтра поедешь в 62-ю больницу, — отчеканила подруга, — к Игорю Анатольевичу Грошеву и станешь его слушаться, как господа бога, усекла?

И я отправилась в эту больницу. Игорь Анатольевич оказался полной противоположностью профессору из Герценовского института. Молодой, улыбчивый, он сначала заставил меня пройти все исследования, а потом сказал:

— Не скрою, вам предстоит не очень приятный год. Сейчас лучевая терапия, потом три операции, химия, гормоны.

— Год? — переспросила я. — Значит, я проживу больше трех месяцев?

Грошев рассмеялся и прочитал мне обстоятельную лекцию. «Онкология великолепно лечится, если поймана на ранних стадиях. Все, что связано с женской репродуктивной системой, легко удаляется. Отрежем и забудем. Если же вы запустили болезнь, то и в этом случае медицина способна продлить вашу жизнь на годы».

Я слушала доктора разинув рот, а тот спокойно объяснял:

— Рак отнюдь не приговор. Мы сейчас многое можем, но имейте в виду...

Внезапно он замолчал.

— Что? — воскликнула я.

— Качество вашей жизни будет иное, — тихо договорил врач.

Но я тогда не обратила внимания на эту фразу.

Главное, что Игорь Анатольевич гарантировал мне жизнь.

Отчего-то начали с лучевой терапии. Никакой боли или неудобств она мне не принесла. Сначала тело разрисовали специальным фломастером, а потом меня просто укладывали на стол, над которым висело нечто, похожее на фотоаппарат. Врач уходил, закрывал тяжелую свинцовую дверь, потом в фотоаппарате что-то щелкало, и все. Не помню, сколько минут длился сеанс. Я лежала, вспоминая сирийскую гадалку. Сначала она пообещала мне дочь, а потом сказала:

— В сорок пять лет ты сильно заболеешь, но не умрешь.

Не знаю, как другие люди, а я панически боялась операции. До сих пор я была удивительно здоровым человеком и в больнице лежала всего два раза, когда рожала детей. Потому я принялась изводить Оксану вопросами, по большей части глупыми. Больно ли, когда тебя режут? Возможно ли проснуться во время операции? Вдруг я умру на столе? Правда ли, что в реанимации лежат без одеял и подушек?

Бог знает какая дурь лезла мне в голову. Оксана сначала терпеливо мне отвечала, но потом, очевидно, рассказала о моих фобиях Александру Ивановичу, потому что неожиданно к нам в гости пришел его приятель, сотрудник психфака, психотерапевт Володя Кучеренко и, ласково улыбаясь, сказал:

— Знаешь что, нам надо поговорить!

Так я оказалась на приеме у психотерапевта и услышала от него странное заявление.

— Рак, — объяснял мне Вовка, — это болезнь не тела, а души. Он никогда не посылается просто так. Онкология — это сигнал, говорящий о том, что ты живешь неправильно. Следует измениться коренным образом.

Я скривилась:

— И как ты себе это представляешь? Мне сорок пять, и потом, что значит измениться?

— Стать другой, — без тени улыбки заявил Володя, — давай попробуем.

И я стала ходить к нему регулярно. Дорогие мои, если кто-то вам скажет, что эти самые сеансы психотерапевта милое, приятное занятие, немедленно стукните этого человека. Нет ничего хуже этого.

Психолог выковыривает из вас абсолютно все, мельчайшие подробности вашей жизни, подчас такие, о которых не хочется не то что кому-то рассказывать, а даже вспоминать наедине с собой. В какой-то момент вы начинаете просто ненавидеть душеведа. Я, например, каждое утро начинала с того, что хватала трубку и сообщала ему:

— Что-то в горле царапает, я не приду сегодня, пожалуй!

— Немедленно собирайся, — каменным тоном отвечал Кучеренко. — Жду через час.

Я, словно жертвенное животное, мрачно плелась к метро, ненавидя всех: Кучеренко, Александра Ивановича, Оксану...

Сколько раз я, рыдая, пыталась убежать из его кабинета, и он за шиворот втаскивал меня назад, потом вообще наступил караул.

Один раз, выйдя от Кучеренко на улицу, я чуть не упала в обморок. По тротуару шли странные пары: мужчины в куртках и шапках держали под ручку женщин в халатах и нижнем белье. Через пару секунд я сообразила, что дамы ненастоящие, нечто вроде призраков. Чуть не завыв от ужаса, я кинулась к Кучеренко назад.

— Ничего, — совершенно спокойно сказал тот, — случается такое, скоро закрытие.

— Что? — обалдело поинтересовалась я. — Что закроется?

— То, что открылось, — ответил психотерапевт и повез меня домой на своей машине.

Наступил жуткий период в моей жизни. Я не могла спуститься в метро — начинался сердечный приступ, не способна была зайти в магазин — боялась людей, вздрагивала, если рядом останавливался незнакомый человек, без конца рыдала и закатывала истерики несчастным родственникам. Те, предупрежденные Кучеренко, сцепив зубы, молчали, чем только сильней раздражали меня.

Потом пришла другая стадия. Очень хорошо помню, как в отвратительном настроении ехала домой в автобусе. Забыла сказать, что меня еще постоянно мучили мерзкие запахи, я вышвырнула из дома всю парфюмерию, она воняла нестерпимо. Так вот, я угрюмо тряслась в автобусе, стараясь глубоко не дышать, сидящая рядом тетка просто выкупалась во французских духах. Внезапно до носа долетел тонкий аромат прелой листвы, вокруг потемнело, я невольно зажмурилась, а когда открыла глаза, то вместо улицы за окном увидела скошенные поля, кромку леса... Руки нащупали на коленях шуршащий скользкий материал, через пару секунд я отчетливо поняла, что сижу в карете. На мне темно-голубое атласное платье с длинной юбкой. Причем я знала, что еду из гостей к себе домой, меня зовут Анна, эти поля и лес мои...

Ровно через секунду картина исчезла, я вновь оказалась в вонючем автобусе, совершенно ошеломленная и обалдевшая. Впрочем, поездка в карете была намного приятней, чем видение, настигшее меня в другой день. Тогда мне примерещилась телега, тащившаяся сквозь вопящую толпу, впереди виднелась куча сваленного хвороста, и я с ужасом поняла, что это меня везут на казнь.

Одно не пойму, как я тогда не сошла с ума! В конце концов подобные штуки перестали меня пугать, я спокойно трансформировалась из одного существа в другое, и не всегда это были люди. Самое сильное впечатление связано с моим вселением в ящера типа птеродактиля. Я летела над густыми зарослями травы, расправив тонкие кожаные крылья, на душе царило спокойствие. Вдруг в зелени мелькнуло нечто, похожее на большую крысу.

Зверек был пойман и проглочен, ощущение полнейшего счастья затопило меня.

В больницу меня положили тринадцатого числа, я было заикнулась о переносе мероприятия на двенадцатое или четырнадцатое, но была осмеяна приятелями.

Утром, сложив сумку, мы с Александром Ивановичем сели на диван, и тут в распахнутую форточку влетел голубь. Мне стало нехорошо, всем известно, какая это плохая примета. Александр Иванович, сильно побледнев, начал ловить птицу, его ближайший приятель Володя Цехновичер понес какую-то чушь типа того, что голубь — птица мира...

Сами понимаете, в каком настроении я оказалась в палате. Кровать мне досталась самая неудобная, прямо у входа, возле туалета. Я легла, повернулась лицом к стене и изо всех сил постаралась не разрыдаться.

Накануне первой операции я, несмотря на все уколы, так и не заснула. В восемь утра появилась медсестра и, ласково улыбаясь, сообщила:

— Донцова, давай раздевайся.

— Совсем? — глупо спросила я.

— В простынку завернись, — пропела девушка, — сейчас каталку привезу.

Она исчезла, я вылезла из халата, схватила приготовленную простыню и ощутила себя трупом в саване. Потом мне стало холодно. Медсестра не шла назад. Примерно минут через десять она вновь заглянула в палату:

— Каталок нет.

И мы пошли пешком в операционную, впереди девушка в голубой пижамке, сзади я, замотанная в белую тряпку.

Возле двери с надписью «Не входить» сестричка посадила меня на кушетку, где лежали тюки с бельем, и велела:

— Никуда не уходи.

Я покорно навалилась на узел с простынями, страха отчего-то не было, только страшное отупение. Вдруг послышались шаги, и из-за поворота вынырнул Кучеренко, одетый, как всегда, в красную рубашку и джинсы.

Я страшно обрадовалась:

— Ты пришел!

— Обещал же быть около тебя, — усмехнулся он и взял меня за руку.

Мне стало спокойно, глаза начали закрываться.

— Ты Донцова? — внезапно прогремело над ухом.

Я с трудом разлепила веки и увидела огромную тетку в белом халате.

— Чего молчишь? — сердилась та. — Бегаем, ищем, куда ты подевалась, а ну давай в операционную.

Кучеренко молча улыбался, медсестра, не обращая на него никакого внимания, стала привязывать мои руки. Тут появился Игорь Анатольевич, одетый в хирургическую пижаму. Оглядев его и заметив, что весь остальной медперсонал тоже облачен в стерильные одежки, я спросила у врача:

— Можно мой приятель тут постоит?

— Кто? — вздернул вверх брови Грошев.

— Кучеренко, — пояснила я, — он меня за руку держит, так, знаете ли, спокойней, дайте ему халат.

— Ах, Кучеренко, — протянул Игорь Анатольевич, — ему можно так, в простой одежде.

Я улыбнулась, психотерапевт погладил меня теплой ладонью по лбу, стало очень тихо, больше я ничего не помню.

Проснулась я в реанимации, опутанная трубками. На соседней кровати лежал жуткий старик, издававший невероятные звуки, то ли храп, то ли хрип. На его левой руке равномерно сжималась манжетка тонометра. Я попробовала пошевелиться, поняла, что ничего не чувствую, затем попыталась сесть. Попытка не удалась, я была привязана к какой-то банке. Вернее, из тела шла трубка, на конце которой болталась стеклянная емкость. Она зазвенела, я испугалась и мгновенно приняла лежачее положение. Старик зашевелился, открыл глаза и просипел:

— Ты кто?

— Донцова, — пролепетала я.

— Не, мужчина или женщина?

— Вроде женщина.

— О, хорошо, — заявил дедулька, — хоть перед смертью на голую бабу полюбуюсь.

Вымолвив фразу, он закрыл глаза и мгновенно заснул. Тут только я сообразила, что мы оба без одежды.

Дедуська был забавным. Проснувшись в очередной раз, он поинтересовался:

— Ты матерные анекдоты знаешь?

— Ну, не слишком много, — пробормотала я, — так, штук двадцать!

— Начинай, — велел старик, — поржем перед смертью.

— Вообще-то я не собираюсь умирать, — на всякий случай сообщила я, — совершенно не хочется.

— А кто тебя спросит, — фыркнул старичок, — ну давай сам начну.

Дедулька оказался просто кладезем скабрезных историй. Я, не особая любительница генитального юмора, рыдала от смеха. Лежавшая у окна женщина молчала, поджав губы, потом начала тоненько подхихикивать. Я, вспомнив годы, проведенные в «Вечерке», тоже стала выдавать истории. Хихикающая тетка принялась петь частушки, самым приличным словом в которых было «жопа». Не знаю, отчего нам все это показалось дико веселым, но в конце концов в палате появился сердитый врач и сказал:

— Ну что, Евдокимов, опять безобразничаешь?

— Да мы просто поем, — сообщил старик, — помирать так с музыкой.

Реаниматолог хмыкнул:

— Ну вы-то точно все не помрете! Подобрались три сапога пара. У одной желудка нет, у другой шов через всю грудь, а Евдокимов...

— Чего Евдокимов, — перебил его дед, — сюда же ни радио, ни телика нельзя, вот и веселимся!

Доктор покачал головой и ушел, мы продолжили забаву, припоминая различные истории. Утром женщину, лежавшую у окна, перевели в обычную палату. Когда ее провозили мимо меня, она сказала:

— Вообще-то я в школе преподаю, русский

язык и литературу, ты не подумай, что забулдыга какая-то! Частушки в деревне узнала, дом у меня там!

— Классно, — прокряхтел дед, — приходи в гости.

Тетку довезли до порога, и она внезапно крикнула:

— Эй, ребята!

— Чего? — отозвались мы с дедом хором.

— Ну никогда я так не веселилась, как в реанимации, — сообщила учительница, — и ведь не болит ничего.

— Смех рак губит, — резюмировал Евдокимов, — он серьезных людей сжирает дотла, а тех, что с юмором, боится. Я точно знаю!

И я почему-то мгновенно ему поверила.

После третьей операции я проснулась в полной тишине. Евдокимова накануне увезли в отделение, и в реанимации никого, кроме меня, не осталось. Из незанавешенного окна струился свет, солнце уже взошло, часы, висевшие на стене, показывали ровно шесть. Медсестры на посту не было видно. Донцова не считалась тяжелой больной и не требовала ежесекундного наблюдения. Я тихо лежала, слушая равномерное гудение каких-то приборов. Сон не шел, в голове начали крутиться разные мысли. Так, кажется, выжила, теперь осталось встать на ноги и бегом отсюда домой, а там разберемся, как жить дальше.

Внезапно в палате возникла женщина. Я, лежавшая спиной к двери, сначала не удивилась, приняла незнакомку за неизвестную мне медсестру, но потом, разглядев фигуру, попыталась сесть.

Женщина, не обращая на меня никакого внимания, шла по огромной палате. Блондиночка, с очень короткой стрижкой и треугольным личиком, на котором сияли голубые глаза. Она была одета в прехорошенькую серую норковую шубку, мне самой давно хотелось подобную, на ногах у нее были красивые ботиночки на довольно высоком каблучке. В руках посетительница держала пакет.

Я слегка растерялась, это не медсестра. Может, кто-то из моих знакомых сумел прорваться в реанимацию?

Но тут же включился разум. Что за чушь! На дворе жаркий, слишком душный для Москвы май, а на тетке шуба и сапоги, причем с последних слетают кусочки снега и быстро тают на линолеуме. У меня начала кружиться голова.

В это самое мгновение пакет, который несла незнакомка, разорвался, из него на пол посыпались мармеладки, обвалянные в сахаре.

Женщина присела и принялась подбирать сладости, бормоча:

— Вечно со мной так!

— Вы к кому пришли? — прошептала я, неожиданно ощущая в пальцах нечто липкое, словно это я, а не она подбирала сейчас разноцветные кусочки с линолеума.

Но дама, не обратив на меня никакого внимания, сгребла конфеты в кучу, встала, отряхнула ладони, подошла к окну и... исчезла за стеклом.

Реанимация находилась на третьем этаже. Я перепугалась и закричала:

— Вы куда, стойте!

И тут произошло невероятное. Меня подняло с кровати, поставило на ноги... Ровно через секунду я сообразила, что сижу в машине, мои руки с незнакомым, явно дорогим кольцом с сапфиром и бриллиантами лежат на руле, ноги, обутые в сапожки, стоят у педалей. Помню свое удивление, интересно, на таких каблучищах, наверное, тяжело управлять автомобилем? Но додумать мысль до конца мне не удалось. Нога уверенно нажала на педаль, шпилька совершенно не мешала, и я понеслась по хорошо знакомой дороге.

В голове крутились совсем уж дикие мысли. Ирка, наверное, не погладила Дегтяреву брюки, а Зайка опять поругалась с Кешей...

С одной стороны, я пребывала в невероятном изумлении, с другой — чувствовала себя спокойно, так мать семейства по дороге домой включается в проблемы, которые ждут ее за дверью родной квартиры.

Машина, явно иномарка, летела по трассе, у поста ГАИ она притормозила. Я высунулась в окно и крикнула:

— Леша, Неля выздоровела?

Из будки вышел сержант в форме и приветливо ответил:

— Спасибо, Дарья Ивановна, простая ветрянка оказалась.

Я помахала ему, свернула влево и замерла у железных ворот, сверху виднелась вывеска «Коттеджный поселок Ложкино».

Очевидно, я бывала тут постоянно, потому что уверенно щелкнула брелоком, висевшим на ключах. Створки медленно открылись, я въехала на узкую дорогу, повернула направо, налево, увидела большой двухэтажный дом светло-песочного цвета, с темно-коричневой черепичной крышей.

— Муся приехала! — раздался крик.

От входа ко мне неслась девочка, крепенькая блондиночка лет четырнадцати, странно похожая на подросшую Машку. Рядом бежали две большие черные собаки.

— Мать! — послышался голос Аркадия. — Сумки брать?

Сын, одетый в теплый бело-синий свитер, выглядывал из окна. У моего Кеши никогда не было такого пуловера.

Меня затошнило. Это явно мой дом, мои дети и мои собаки, но я живу не здесь. Мане всего десять лет, и у нас одна Черри. Хотя вот же она!

Помахивая хвостом, пуделиха обнюхивала сумки. Откуда ни возьмись вынырнула неизвестная девушка, худенькая, с карими глазами, и сердито заявила:

— Зачем покупать мобильный, если не включать его!

У меня все завертелось перед глазами, вспыхнуло ярким огнем, потом погасло. Я вновь очутилась на кровати в реанимации, мокрая от пота, с трясущимися ногами.

Кучеренко во время сеансов частенько забрасывал меня в разные места, я рассказывала об этом раньше, но сейчас я очутилась в параллельной реальности самостоятельно, и такие яркие видения не посещали меня до сего момента никогда.

На следующее утро меня перевели в палату. Встав на дрожащие лапки и засунув в карман халата болтавшуюся на резиновой трубке банку, я побрела в холл, к телефону. Следовало поблагодарить Кучеренко, который, бросив все дела и пациентов, прикатил в больницу, чтобы держать трусиху Груню за руку.

Трубку сняла его мать и спокойно сообщила:

— Его нет в Москве, две недели назад он уехал отдыхать в Таиланд.

— Когда он отправился в Таиланд? — ошарашенно переспросила я.

— Ну если точно, пятнадцать дней назад, двенадцатого мая укатил.

— И он не приезжал шестнадцатого числа? — оторопела я.

— Нет, конечно, — засмеялась она. — Зачем?

Я повесила трубку. Значит, во время операции около меня стоял фантом. На улице почти тридцатиградусная жара, а психотерапевт явился в шерстяной красной рубашке. Могла бы раньше сообразить, что он не настоящий. Кучеренко великолепный гипнотизер, и проделать такой фокус ему как плюнуть.

Не успела я оказаться в палате, как ко мне косяком повалили люди. Естественно, первой возле кровати очутилась Машка, ближайшая подруга детства. Она влетела в комнату, сжимая в руках трехлитровую банку с черной икрой, я не успела рта раскрыть, как Машка затараторила:

— Значит, так, это надо слопать побыстрее, наворачивай половником.

Помните фильм «Белое солнце пустыни»? «Опять икра!» Вот-вот, это про меня. Машка с непоколебимой решимостью впихивала в подругу рыбьи яйца. Я с тех пор шарахаюсь от икры в сторону, я наелась ею на всю оставшуюся жизнь. Но в своем желании поставить меня на ноги Манька была не одинока.

Засунув в меня граммов двести деликатеса за раз, Маня убегала на работу, ей на смену являлся Александр Иванович с кастрюлькой, в которой лежала слегка недожаренная телячья печенка. Никакие мои вопли и стоны на тему: «Терпеть не могу печень, никогда ее не ела и есть не стану», — на него не действовали.

Со словами: «Надо, Федя, надо», муж утрамбовывал в меня «лакомство» и уезжал на факультет.

Не успевал он выйти в коридор, как в палате возникал его ближайший друг, Вовка Цехновичер, вместе с женой Катькой. Катерина специализировалась по рису с овощами, Вовчик выступал в роли кондитера.

— Ну-ка, — сюсюкали они, разворачивая свертки и вытаскивая банки, — сначала риску, диетического, с морковочкой, а уж потом пирожные.

— Сам пек, — сообщал Вовка, — крем из рыночного масла с яичками, просто пух. Давай, Грушка, ням-ням...

Мой рост составляет всего один метр шестьдесят два сантиметра, я привыкла есть мало, кошачьими порциями, но ни Вовка, ни Катька, ни Машка не собирались меня щадить. И вообще все вокруг были уверены, что Грушенька должна есть, как портовый грузчик.

Я давилась рисом, глотала пирожные. Вовка с Катькой умилялись, целовали меня и убегали.

Дверь тут же распахивалась, и появлялись другие посетители. Народ шел ко мне, как в былые времена в Мавзолей к Ленину. Все волокли жратву. Коллеги Александра Ивановича, его аспиранты, мои ученики и их родители. Из «Молодой гвардии» прислали ящик книг, соседи по дому приволокли кипу журналов, знакомые подруги, друзья приятелей... И каждый вливал в меня сок, впихивал фрукты, мясо, сыр, йогурты, салаты...

Завершался день всегда одинаково. Появлялась Оксана в сопровождении кого-нибудь из своих сыновей, проводила ревизию в моей тумбочке и резюмировала:

— Хорошая еда, но без витаминов, на-ка немедленно ешь осетрину по-монастырски...

Или — «говядину под соусом», «рагу из овощей», «ризотто из цыпленка», «форель с лимоном»... Оксанка великолепно готовит, блюда каждый день были разные, запивать все следовало свежеприготовленным соком. Оксана, человек обстоятельный и предусмотрительный, приволокла с собой сокодавку и установила в палате.

— Отличная вещь, — радовалась она, вытаскивая фрукты, — чик-чирик, и готово, сплошной витамин.

Через неделю на двери отделения появилось объявление: «К Донцовой больше восьми человек в день не пускать», но поток не иссяк. Единственное, от чего мне удавалось отбиться, это от букетов. Они издавали такой аромат, что у всей палаты начался кашель. Самое интересное, что у меня ничего особо не болело, так, сущая ерунда, левая рука не поднималась выше плеча, а ноги не держали. В основном же все шло просто прекрасно, я валялась в постели и ела, ела, ела, ела...

Когда в десять вечера палата погружалась в сон, я лежала с раскрытыми глазами, уставившись на белую стену. Я очень хорошо знала: сейчас, когда останусь в одиночестве, появятся видения, вернее, я перенесусь куда-то в параллельный мир. Он не похож на настоящий, но я живу там, и мне там очень хорошо.

В конце концов раздвоение личности стало меня пугать, и я решила посоветоваться с мужем. Он выслушал меня и очень серьезно спросил:

— Картина, которую ты видишь, всегда одна и та же?

Я заколебалась, но потом ответила:

— Да.

— Опиши мне ее, — потребовал муж, — с самого начала.

Только он произнес эти слова, как передо мной возникла новая картинка, невиданная до сих пор.

— Ну начинай, — поторопил Александр Иванович.

И я начала:

— Я много раз выходила замуж, и каждый раз неудачно... Но, очевидно, начав, трудно остановиться.

Слова лились потоком, картины сменяли друг друга, я торопилась, проглатывала концы фраз, боясь потерять нить повествования. Когда наконец я добралась до конца рассказа, стемнело. Я, только что бегавшая по Парижу, вновь очутилась в палате, соседки давно спали. Муж смотрел на меня молча.

— Это шизофрения? — робко поинтересовалась я. — Я похожа на сумасшедшую? Меня перевезут в Кащенко и станут лечить электрошоком?

— Это книга, — ответил муж, — детективная история о женщине и ее семье, о Даше Васильевой. Теперь ты должна ее записать.

— Как? — удивилась я.

— На бумаге, — сказал Александр Иванович, — помнишь, ты рассказывала мне, что в семидесятые годы относила в «Юность» криминальный роман, а тебе сказали: «Бабы детективы не пишут».

Я кивнула:

— Точно.

— Но теперь, — убеждал меня муж, — времена иные, вон у твоих соседок на тумбочках лежат Маринина, Полякова, Дашкова, сейчас женщины вовсю пишут криминальные истории. Времени у тебя навалом, начинай!

— Все-таки это ненормально, видеть сначала

картину, а потом «влезать» в нее и жить в Ложкине, — пробормотала я.

— Ложкино? — удивленно переспросил муж.

Я осеклась, он ведь не знает, что историй очень много.

— Кто сказал тебе, что писатели нормальные люди, — усмехнулся Александр Иванович и ушел.

На следующее утро он принес мне пачку бумаги, десяток самых простых ручек «Корвина» и книгу «Двенадцать подвигов Геракла», яркое издание большого формата, предназначенное для детей.

Я села в кровати, подпихнула под спину подушку, положила на колени книгу и за четыре дня написала повесть «Крутые наследнички».

Я не могу объяснить вам, какое это наслаждение — писать. Я словно раздвоилась. Одна часть меня, превратившись в Дашу, жила и действовала в Париже и Москве, другая, полусидя в кровати, быстро водила ручкой по бумаге. Фразы вырывались на страницы, буквы путались, строчки сливались. Я бежала по Парижу, разыскивая убийцу Наташки и Жана Макмайера. Прыгала с лестницы, кокетничала с комиссаром, жила в огромном доме, гладила Снапа и Банди. Я была так счастлива, что у меня нет слов, чтобы описать вам это состояние.

Поставив последнюю точку, я отложила рукопись. Одна из моих соседок, Танюша, с любопытством спросила:

— Что ты там настрочила?

— Хочешь, возьми почитай, — сказала я и провалилась в сон.

Часа в три меня разбудил хохот. Танюшка, вытирая слезы, дочитывала последние страницы.

— Класс, — простонала она, — а продолжение будет? Дико интересно, что с этой идиоткой Дашей случится.

— Будет, — кивнула я, хватаясь за ручку, — непременно.

«За всеми зайцами» тоже родилась в больнице. Как наркоман, подсевший на иглу, я уже больше не могла не писать, меня влекло к бумаге и ручке, словно алкоголика к бутылке.

Впрочем, днем особого времени писать не было, оттягивалась я после отбоя. Игорь Анатольевич Грошев сначала сердился и упрекал меня:

— Вы же мешаете остальным спать!

Но мои соседки в один голос кричали:

— Нет, нет, пусть пишет!

Ночью я писала, а днем читала соседкам по палате вслух, потом стали подтягиваться женщины из других палат, им тоже было интересно. В конце концов Игорь Анатольевич сдался и отдал мне со своего стола маленькую лампочку на прищепке, которую я прикрепляла в изголовье кровати.

Теперь, когда ко мне приходили друзья и родственники, я быстро, не сопротивляясь, проглатывала очередные котлеты и стонала:

— Устала что-то!

— Ты поспи! — заботливо восклицали посетители и тут же испарялись.

Я, не испытывая ни малейших угрызений совести, вытаскивала рукопись и уносилась в Ложкино.

Один раз Димка, пришедший меня навестить, решил вывезти больную во двор. Я отказалась садиться в кресло на колесиках, оперлась на его руку и, звякая банкой, потащилась на улицу.

Мы прошли метров сто и наткнулись на Игоря Анатольевича. Хирург шутливо погрозил мне пальцем:

— Ох, Агриппина Аркадьевна, только из реанимации вышли, а уже с молодым человеком роман крутите.

Я хихикнула:

— Точно, нельзя же терять квалификацию!

Димка внезапно обиделся. Он то ли не понял, что врач шутит, то ли решил, что смеяться вовсе не над чем, и сердито заявил:

— Вы с ума сошла! Это же моя мама!

И тут я зарыдала. Игорь Анатольевич, перепугавшись, побежал в корпус за инвалидным креслом, Димка доволок меня до скамейки, усадил на деревянное сиденье и сурово спросил:

— Отчего у нас истерика?

Я молча лила сопли. Отчего истерика? Да от умиления. Димка всегда называл меня Груней, я и предположить не могла, что мальчик в душе считает мачеху родной матерью.

Наконец меня отпустили домой. Александр Иванович торжественно привез меня в квартиру, уложил на диван и сказал:

— Мы все убрали!

— Замечательно, — кивнула я.

— Может, поспишь? — поинтересовался муж.

Я поняла, что ему не терпится удрать на работу, и кивнула:

— Правильная мысль, я очень устала.

Он мигом убежал. Я осталась одна и незамедлительно принялась изучать обстановку. Меня не было в родных пенатах три месяца, и с первого взгляда стало понятно, что без хозяйки все пришло в упадок.

Правда, муж и дети постарались, как могли. Зеркало в ванной было покрыто грязными разводами, по нему явно водили мокрой тряпкой. Раковину отмыли до блеска, но краны были покрыты ржавым налетом. Середина гостиной сияла чистотой, под диваном и креслами серым одеялом лежала пыль, пуделиха выглядела словно худой валенок, кошка потускнела, а тефлоновые сковородки кто-то от души поскреб железной мочалкой. Следовало, засучив рукава, приниматься за работу.

Я распахнула холодильник и покачала головой. Все полки девственно-чисты, только на одной лежало яйцо, шоколадное, киндер-сюрприз. Я захлопнула дверцу и увидела на подоконнике гору пустых лоточков, очевидно, мои домашние питались лишь быстрорастворимой бурдой под названием «Обед Магги».

Сдерживая гнев, я позвонила мужу и спросила:

— Папа, а где продукты?

Повисло молчание, потом Александр Иванович воскликнул:

— Господи, я так и знал, что мы не обо всем вспомнили!

Ситуация напоминала известный анекдот про молодых родителей, которые приходят к педиатру и жалуются:

— Мы моем ребенка каждый день, гуляем с ним, читаем ему книги, а малыш отчего-то все худеет.

— Сколько раз в день кормите младенца? — поинтересовался доктор.

Муж повернулся к жене и с укоризной воскликнул:

— Ведь говорил же, что мы забываем какую-то процедуру!

Повздыхав, я вытащила сумку на колесиках и почапала на рынок. Вообще-то мы жили от него в двух шагах, еще в апреле месяце я долетала до торговых рядов в одно мгновение, но в тот день ползла туда больше часа.

Потом началась химиотерапия. И уж тут я во всей красе столкнулась с такой вещью, как бесплатная медицина. Меня прикрепили к диспансеру на улице Лизы Чайкиной. Обстановка в этом месте была гнетущая. Врачи злые как собаки. Ежу понятно, что в онкологический диспансер на уколы химии не станут ходить симулянты. На мой взгляд, к людям, тихо сидевшим в километровых очередях, можно проявить хоть каплю жалости, но нет, бабы в белых халатах кривились, на их лицах явно читалось: вам давно всем помирать пора, чего заявились?

Оказавшись впервые в длинном хвосте страждущих, я была беспредельно удивлена, когда часов в одиннадцать утра дверь кабинета распахнулась, оттуда вышла толстая тетка в мятом халате, огляделела ряды ждущих приема людей, гаркнула: «Скоро приду» — и исчезла за поворотом коридора.

Через полчаса я стала проявлять беспокойство, но более опытные больные мигом ввели меня в курс дела.

— Она чай ушла пить, — прошелестела бабуся в платочке, — через час вернется. Хорошо бы всех приняла, а то ехать далеко, сил никаких нет!

— Надо пойти к главврачу и рассказать о безобразии, — возмутилась я.

— А то он не знает, — вздохнула бабушка, — сиди, дочка, а то она обозлится и лекарства не даст.

— Права не имеет, — возмутилась я.

Бабуся махнула рукой:

— Молодая ты! Скажет, что в аптеке ампулы кончились, и все. Нет уж, нам только терпеть осталось.

Терпеть надо было и в процедурном кабинете. Медсестра, увидав меня на пороге, орала:

— Живо, там людей полно, повернулась задом!

Укол она вкатывала, не давая пациентам лечь. Через секунду начиналась дикая боль, ногу сводило, и я, еле-еле ковыляя, выпадала в коридор. Вскоре мне стало ясно: если я встречаю в диспансере сильно хромающего человека, он бредет из процедурного кабинета.

Не лучше обстояло дело и в лаборатории. У онкологических больных в процессе химии надо тщательно следить за уровнем лейкоцитов в крови. Если он падает, уколы прекращают.

Я, естественно, аккуратно сдавала анализы, потом мне стало плохо, и Оксана, качая головой, предположила:

— Наверное, лейкоциты обвалились, сходи на анализ.

Я послушно сбегала в лабораторию, получила выговор за то, что явилась не в срок, и бумажку, из которой явствовало: полный порядок, кровь как у космонавта. Но Оксана, повертев клочок бумаги в руках, отвезла меня к себе в больницу, и мы выяснили: лейкоциты просто на нуле.

Очевидно, сотрудницы лаборатории перепутали пробирки или не захотели со мной возиться.

Химиотерапия самое неприятное, что мне пришлось испытать в жизни. Тем, кому предстоит такое лечение, могу лишь посоветовать сцепить зубы и думать о том, что рано или поздно это кончится.

Тошнило меня ужасно от всего. Любая еда вызывала судороги, запах жареной картошки доводил почти до обморока, вид фруктов заставлял птицей лететь к унитазу. Я пожаловалась врачу-химиотерапевту, та презрительно прищурилась:

— Скажите пожалуйста, какая нежная! От уколов циклофосфана ей плохо! Нечего выдумывать! Небось зоофран хотите!

— Это что такое? — поинтересовалась я.

— Лекарство от тошноты, — свысока бросила врачиха, — вам оно не положено, их дают только тем, кому на самом деле плохо! А вы притворяетесь, я знаю, от циклофосфана так не тошнит!

Но мне было дико плохо, и Александр Иванович ухитрился где-то за бешеные деньги достать ампулы зоофрана. Стало чуть полегче.

В разгар лечения я зашла в магазин «Сад и огород», уж не помню, что меня туда привлекло. Кажется, моя дочка Маня собралась пересаживать пальму, и я явилась за землей. Первое, на что наткнулись глаза в торговом зале, был мешок с надписью «Циклофосфан. Яд для борьбы с садовыми грызунами».

Я пощупала бумажную упаковку и усмехнулась, значит, меня травят, как крысу.

Потом я сильно простудилась, не сумела вовремя прийти на укол, химиотерапевт наорала на меня так, что я чуть не упала в обморок. Узнав про это, Оксана, откуда-то добыв все лекарства, заявила:

— Пошли они на фиг, сволочи. Сама тебе курс проведу.

И тут я сделала потрясающее открытие. Оказывается, если ты лежишь и циклофосфан вводят медленно, укол не превращается в мучение, ногу не сводит...

Тридцатого августа я, проснувшись утром, пошла в ванную, глянула в зеркало и заорала от ужаса. На меня смотрела абсолютно лысая женщина. Понадобилось минут пять, чтобы сообразить: это носатое, жуткое существо — я. Никогда не думала, что отсутствие волос способно до такой степени изуродовать внешность.

Из ванной я вышла, замотав башку полотенцем, тюрбан не сняла и тогда, когда села пить кофе. Было воскресенье, Маруся выглянула из своей комнаты и спросила:

— Почему ты в этой тряпке?

Я поколебалась мгновение и сдернула розовую ткань. Дочь ойкнула и убежала. Я осталась наедине со своими горькими раздумьями. Спустя минут двадцать Машуня влетела в квартиру, неся кудрявый светло-каштановый парик.

— Мусик, — завопила она, — померяй!

Я хотела было оказать сопротивление, но дочка мигом натянула мне на голову парик и затрещала:

— Великолепно, лучше не бывает! Тебе так идет!

Я глянула в зеркало и не сумела сдержать смех. Больше всего в этот момент я походила на нашу пуделиху Черри. Из шапки мелко завитых кудрей торчит длинный нос. Мне стало очень жаль себя. Ах бедная Грушенька! И тошнит ее, и шов болит, и рука плохо поднимается, и волос теперь нет, как жить дальше?

Внезапно жалость сменила злость. Именно жить дальше, в любом состоянии, с тошнотой, лысиной и неработающей рукой! Я только теперь сообразила, что имел в виду доктор Грошев, предупреждая меня:

— У вас будет иное качество жизни.

Но ведь я не умерла, мои дети не плачут на могиле матери, нужно посмотреть на ситуацию иначе, не жалеть себя, а радоваться. Нечего завидовать здоровым людям!

— Не смотри на тех, кому лучше, гляди на тех, кому хуже, — говаривала Фася.

Я топнула ногой и сама себе показала кулак. Хватит, милая, ты дышишь, двигаешься, давай-ка выходи на работу, ученики заждались, нечего из себя инвалида корчить. Все будет хорошо, волосы вырастут, рука поднимется. Вперед и с песней на службу. Больше к теме онкологии я на страницах этой книги возвращаться не стану, но мне кажется, что, пройдя через все испытания, уготованные онкологическим больным, я могу давать советы тем женщинам, которые только что услышали из уст врача диагноз: «рак молочной железы». Это не смертный приговор — рак успешно лечится, и большинство из вас через какое-то время вновь станут здоровыми людьми.

Узнав о том, что результаты пункции плохие, немедленно соглашайтесь на операцию. Чем раньше попадете на операционный стол, тем лучше. Ни в коем случае не идите к экстрасенсам, хилерам, колдунам и бабкам-шептухам — упустите время. Да, хирурги люди жесткие, если не сказать грубые. Они с обескураживающей простотой сообщают: «Отрежем «верх», а может, «низ», потом пройдете химиотерапию, облучение, сядете на гормоны...»

Воображение рисует толстую, лысую, изуродованную тетку, в которую вы должны неизбежно превратиться после операции. И тогда очень многие кидаются к тем, кто обещает с ласковой улыбкой: «Дорогая, я просто повожу вокруг тебя ручками, и болезнь сама пройдет». Вот так человек и попадается на крючок.

Не верьте, сам по себе рак молочной железы не пройдет. Если явитесь к докторам на начальной стадии заболевания, то почти со стопроцентной гарантией выживете. Если позже — ваши шансы уменьшаются, и не дай бог вам обратиться к врачам совсем поздно. Вы наверняка слышали от кого-нибудь фразу: «Ох уж эти хирурги! Не сумели спасти Анну Ивановну, скончалась бедняжка!» Извините за грубость, но, скорее всего, несчастная Анна Ивановна сама виновата, запустила болезнь. А умереть можно и от аппендицита, если ждать, пока разовьется перитонит.

Теперь позвольте развеять кое-какие мифы. И первый из них: операция радикальной мастэктомии — так по-научному называется удаление молочной железы — непереносима, страшно болезненна, а период реабилитации мучителен до крайности.

Чушь собачья. Уж не знаю, кто и зачем распространяет эти слухи. Впрочем, вам, наверное, встречались на жизненном пути бабы, беспрестанно ноющие и рыдающие? Скорее всего, таким и впрямь будет тяжело, но нормальная, спокойная, не истеричная женщина легко перенесет посланные испытания.

Операция проходит под глубоким наркозом. И вы ничего не почувствуете: методика отработана, не вы первая ложитесь на стол. Да и перевязки потом не превращаются в кошмар. Конечно, страшно смотреть на залитый йодом шов с торчащими нитками. Отвернитесь в сторону! Потом, когда снимут швы, а йод улетучится, останется только белая нитка, пересекающая грудную клетку.

Безусловно, очень неприятное испытание — химиотерапия. Постоянная тошнота, слабость, скорее всего, заболит желудок и выпадут волосы. Но неудобства временны. Кудри появятся вновь, желудок наладится, и через год вы забудете про уколы циклофосфана, как про страшный сон. Что касается тошноты — это состояние похоже на токсикоз беременной. Врачи выписывают лекарства, но лично мне хорошо помогали народные средства: кислая капуста, стакан кефира, острый маринованный перец.

Сильно преувеличено и мнение об обязательном ожирении в процессе гормонотерапии. До операции я весила пятьдесят килограммов и сейчас, после пятилетнего курса гормонов, вешу сорок девять. Да, пришлось отказаться от мучного, сладкого, жирного, жареного и превратиться почти в кролика, питаясь овощами без масла и майонеза. Но результат-то налицо, то есть, простите, на теле. Кстати, на макаронах с калорийным соусом и пирожных со взбитыми сливками вы раздобреете и без гормонов.

После операции, когда появилась масса свободного времени, можно наконец отдаться любимому хобби. Я начала писать книги. Поверьте, я никогда не думала, что стану писательницей, просто использовала любую возможность, чтобы забыть о болезни, а потом увлеклась. Но для того, чтобы выжить, совсем не обязательно писать кни-

Справа, с хитрой физиономией, Димка, около него Александр Иванович, потом я со Снапиком на руках и Аркашка.

Александр Иванович и маленькая Маша.

Александр Иванович, Маша и я. На ногах у Машеньки – исторические ботиночки. В них щеголял когда-то маленький Аркашка. 14 лет я потом их хранила, и вот они на Манюне.

Снапик, который испугался фотоаппарата.

На этом фото мы все на себя не похожи. Я, кудрявая, словно пуделиха; Маша, насупленная и сердитая; Кеша, смахивающий на деревенского ухажера.

Димка (справа), Кешка и Снапик. Три неразлучных друга, судя по их лицам, в головах зреет очередное шкодство.

Маленький Аркашка на даче в Переделкино. Тоска в его взоре вызвана моим отсутствием. Я на работе.

Фото сделано за день до первого школьного дня. «Почему же вы не предупредили меня, что туда надо каждый день десять лет подряд ходить?» — с возмущением спросит Аркадий через неделю.

Маруся на фоне фазенды в Глебовке.

Гладкошерстного мопса, только что принявшего ванну, следует одеть в халат. Машуня вымыла Мулю и теперь ждет, пока собачка высохнет. Фена мопсы боятся как огня.

Моя мама и Аркашка. Дача в Переделкино.

Прошло тридцать лет. Моя мама и сын Аркашки Никита. В Переделкино.

Сладкий поцелуй мопса. Ада и Александр Иванович.

В гостях у моей подруги Оксаны. Грядет год Зайца. Я на химиотерапии и пока еще автор одной напечатанной книги. Все еще впереди.

Александр Иванович с Мулей и Адой в своем кабинете.

Машенька пока еще ниже елки.

Редкий случай, собрались почти все. Справа налево: Наташа, я, Никита, Александр Иванович, внизу Кеша с Мулей.

Мой внук Никита и мопс Адюша.

Аркашка и я.
Мама и
сыночек.

Наверное, около меня всегда будут дети. Я и
Никитка.

Иногда Маша говорит братьям, что первые дети, как блины, получаются комом, а вот она уже выставочный образец.

Ада и Муля в щенячестве. Их тоже можно считать моими детьми.

Все женщины собрались вместе. Маша держит Аду и Клеопатру, Наташа обнимает Мулю. У меня на руках единственный мужчина, затесавшийся в дамское общество, – Никита. Еще в кресле лежит пуделиха Черри, но ее плохо видно.

Возвращение из ветеринарной лечебницы после прививок. На сиденье крайне недовольная Муля, она ненавидит уколы. В руках у меня очередной котенок Клеопатры.

Пишу я в кровати, окруженная собаками. От этого мои рукописи частенько оказываются измяты, истоптаны, а кое-когда покрыты пятнами и порваны.

Раздаю автографы в фирменном магазине "Эксмо" возле метро "Октябрьское поле". Среди читателей гуляет байка, будто моя подпись приносит редкостную удачу. Честно говоря, это правда. Очень часто у тех, кто подписал у меня книгу, начинают происходить радостные события. Может, мысль материальна?.. Отдавая томик с автографом, я всегда говорю: «Удачи вам», и она тут же приходит.

Дома. возле новогодней елки, как всегда, с Мулей.

Торт на день рождения. Гостей было столько, что мне не досталось ни кусочка. Не успела я оглянуться, как от шедевра кондитеров не осталось даже следа.

День рождения Дарьи Донцовой. Меня, как и положено, тянут за уши. Справа – писательница Татьяна Полякова, слева – мой бессменный редактор и крестная мама от издательства "Эксмо" Ольга Рубис. Слева, в черной шляпе, певец Бисер Киров.

Александра Маринина и Дарья Донцова. У Марининой в руках подаренный мною колокольчик, она их собирает. А я держу премию "Писатель года 2001". Может, это кому-то покажется и странным, но авторы "Эксмо", как правило, дружат между собой.

Подписываю книгу писательнице Татьяне Устиновой. Мы с Танюшей очень любим друг друга и не упускаем возможности обменяться детективами собственного производства.

Даша Васильева в двух лицах. Лариса Удовиченко, сыгравшая роль Даши в многосерийном фильме, и я.

ги: одна из моих подруг начала разводить кактусы, другая возила кошку на выставки, третья бросилась в церковь. Правда, батюшка не позволил ей рыдать перед иконами, а, узнав, в чем дело, велел: «Ступай-ка, голубушка, в трапезную да помоги нищих кормить».

Ни в коем случае не изводите мужа и детей, ежеминутно напоминая: «Я умираю, а вы! Неужели трудно хоть раз убрать за собой посуду». Милые мои, не ждите, что вас будут жалеть, гладить по голове и выполнять все ваши прихоти. Да этого и не надо. Чем больше о вас станут заботиться, тем хуже, как ни странно, пойдет процесс реабилитации. У меня хорошая семья: любящий муж, двое взрослых сыновей и дочь. Когда мне делали операцию, девочка была еще мала, и ее отправили к моей подруге, а сыновья и муж принялись за мной ухаживать. Я не стану рассказывать вам о литрах несоленого бульона, в котором плавали перья, и о других деликатесах, которые отважно готовили для больной жены и матери никогда раньше не подходившие к плите мужчины. Даже неизбалованные больничные кошки шарахались от темнокоричневых кусочков чего-то непонятного, оказавшегося в конце концов печенкой.

После операции плохо поднимается рука с той стороны, где шов. Вам предлагают заниматься гимнастикой, ходить на плавание. Спору нет, полезные занятия, но ничто так не приводит руку в норму, как развешивание после стирки белья, мытье полов и приготовление еды. Через три месяца я забыла про то, что рука болела, а все потому, что не улеглась в кровать.

Есть еще один момент, от которого страдают женщины, — внешний вид. Но сейчас делают такие замечательные протезы и шьют такое красивое белье, что никто не заметит отсутствия у вас кое-каких частей тела. Лично я совершенно спокойно снимаю кофточку при посторонних. Ничего, кроме кружевного лифчика и просвечивающего бюста, окружающие не увидят. И уж естественно, никому из прохожих на улице не придет в голову, что вы не совсем целая.

Что же касается мужа или любовника, то, когда я выписалась из больницы, встретила в Переделкине одну из подруг моей матери, вдову писателя Х.

— Что ты такая грустная? — поинтересовалась она.

Я рассказала ей про операцию. Дама засмеялась и задрала кофточку.

— Ну и ерунда! Нашла о чем жалеть! Мне это хозяйство отхватили то ли в 44-м, то ли в 45-м — извини, забыла.

Я разинула рот. О любовниках этой невероятно красивой даже сейчас женщины слагались легенды. У ее ног стояли на коленях писатели, композиторы, актеры, журналисты, космонавты... Ее муж дрался на дуэли с соперниками и охапками носил супруге цветы и драгоценности, чтобы удержать любимую.

— Но... э... как... — забормотала я.

Дама опустила кофточку и рассмеялась:

— Видишь ли, душечка, мужчины спят не с твоим телом, а с душой. По большому счету, несмотря на то что пишут глянцевые журналы, лицам сильного пола наплевать на размер бюста и даже на его присутствие. Стань интересной, самодостаточной личностью, добейся успеха, иди по жизни с высоко поднятой головой, не ноя и не плача. Вот тогда ты устанешь отбиваться от поклонников. Кстати, после операции от меня ушел первый муж. Испугался, что придется возиться с инвалидом. Знаешь, я даже рада!

— Почему?

— Если человек бросает женщину в беде, он подлец, а с таким лучше не иметь дела, — ответила моя собеседница и ушла.

Что прибавить к ее словам? Мы не стали хуже от того, что потеряли больные части тела. Девяносто процентов женщин, вовремя обратившихся к врачу, забыли про онкологию и живут счастливо. По смертности рак стоит далеко не на самом первом месте: его обгоняют сердечно-сосудистые заболевания, травмы, туберкулез. И еще. Станете думать о близкой смерти — еще, не дай бог, накликаете ее. Рак боится сильных людей. Начнете ныть, стонать и жаловаться — умрете. Будете бороться за свою жизнь — выживете.

И самое последнее. Если вам поставили диагноз: рак, воспримите это как испытание, которое следует выдержать с достоинством. Поймите, вам досталась не самая худшая доля, есть намного более неприятные недуги: проказа, рассеянный склероз, шизофрения. Рак — болезнь, которая вылечивается. И вообще — не дождетесь! Все у нас будет хорошо. Я это знаю точно.

Мои ученики ни слова не проронили, увидав учительницу в парике. Скорей всего, большинство догадалось, в чем дело, а в «Молодой гвардии» давно знали правду, но как ни в чем не бывало мы принялись изучать перфект.

Мой день был расписан по минутам: уроки, домашнее хозяйство. Времени на слезы и жалость к себе не осталось. Забыв про постоянно ноющий шов, я носилась по городу. Кое-что в моем положении стало казаться удобным. Например, я никогда не брала зря зонтик, даже если прогноз погоды предсказывал тропический ливень, первым делом прислушивалась к себе: ноет шов? Ага, сейчас хлынет вода с неба. Ничего не болит? Вот и прекрасно, оставим зонтик на вешалке. Шов до сих пор ни разу не подвел меня, он болит только к перемене погоды.

Прибегая домой в девять, когда начиналась программа «Время», я быстренько запихивала в холодильник принесенные продукты и кидалась к очередной рукописи с радостной мыслью: «Вот сейчас сяду и отдохну!»

Законченные детективы, количеством четыре штуки, были перепечатаны и разбрелись по знакомым. Мои подруги читали их, восхищались, просили продолжения, я старательно кропала новую книгу, абсолютно не помышляя ни о каком издании опусов.

Третьего сентября к нам в гости явился Сережка, старший сын Оксаны, попил чаю и вдруг спросил:

— Почему не несешь рукописи в издательство?

— Зачем? — удивилась я.

— Так книгу выпустят, гонорар дадут!

— Ерунда, — отмахнулась я.

— За каким чертом тогда пишешь? — удивился Сережка.

— Ну... мне просто нравится процесс.

— Ага, — кивнул он, — самозабвенная графоманка. Немедленно неси свои романы в «ЭКСМО» сейчас столько дряни печатают, тебя обязательно опубликуют!

— И правда, мусик, — подхватила Маня. — Сережа прав.

— Почему в «ЭКСМО»? — продолжала недоумевать я.

Сережа хмыкнул:

— Оно находится в двух шагах от твоего дома. Прикинь, через пару лет, когда ты станешь дико популярной и знаменитой, будет очень удобно бегать туда.

Я в задумчивости пошла в свою спальню и стала изучать томики Марининой, Поляковой. Все их книги выпустило «ЭКСМО». Значит, в этом издательстве такие отличные авторы... Может, и впрямь попробовать?

Ночью ко мне в кровать влезла Машка, забилась под одеяло и зашептала:

— Мусечка, ты станешь великой, лучше Агаты Кристи!

— Спасибо, котик, — улыбнулась я. — Но это маловероятно.

— Нет, я знаю точно, — настаивала девочка, — только вот тебе мой совет, иди в «ЭКСМО» шестого сентября.

— Почему?

— Это же мой день рождения, — воскликнула дочка, — тебе должно феерически повезти, я буду кулаки держать!

Шестого сентября я явилась по адресу, найденному на последней странице книги Александры Марининой. Тогда издательство находилось на улице Народного Ополчения.

Стоял жаркий, даже душный день. Москва ходила в сарафанах и шортах, но у меня была в разгаре очередная химия, которая отчего-то нарушила терморегуляцию организма. Меня колотил озноб, поэтому я надела шерстяное пальтишко с мутоновым воротничком, а на лысину натянула красную береточку, от парика начала болеть голова.

Держа под мышкой папочку с рукописью, я позвонила в звонок, секьюрити открыл дверь. Я вошла в узкий коридор, ангелы задудели в трубы, богиня удачи распростерла надо мной крылья. Мне феерически повезло, потому что, войдя в издательство, я сразу наткнулась на статного, высокого мужчину, одетого в безукоризненно отглаженный, дорогой костюм.

Это сейчас я знаю, что его зовут Игорь Вячеславович Сопиков, что он главный редактор, человек, принимающий стратегические решения, и что многие начинающие авторы очень хотят с ним познакомиться.

Но шестого сентября я, наивная чукотская девушка, просто налетела на него, наступила ему на ногу и принялась извиняться. Он глянул на меня с высоты своего роста. И я вдруг сообразила, что он просто обязан принять странную посетительницу за сумасшедшую. А вы бы сами что подумали, увидев перед собой жарким днем даму, обряженную в пальто с меховым воротником и беретку? Я, проработавшая много лет в «Вечерней Москве», великолепно знала, что по редакциям толпами бродят шизофреники, непризнанные гении, пишущие толстенные романы и длиннющие поэмы самого жуткого содержания.

Сопиков просто обязан был выгнать меня. Но, очевидно, Маша оказалась права, в день рождения дочери ее матери феерически повезло. Игорь Вячеславович помолчал, а потом сказал:

— Здравствуйте.

— Добрый день, — пропищала я, страшно злясь на то, у меня такой детский голос.

Писатель должен разговаривать низким тембром, а не пищать, как резиновая игрушка.

— Вы в «ЭКСМО»? — осторожно уточнил Сопиков.

Очевидно, он надеялся, что странноватого вида тетка просто ошиблась адресом.

— Да, — кивнула я, — в издательство, рукопись принесла.

— Так вы автор?

Я почувствовала невероятную гордость. Автор! Боже, какие восхитительные слова!

— Что у вас? — продолжал интересоваться Сопиков.

— Вот, книга.

— В каком жанре?

— Детектив.

— Ах, криминальный роман, — протянул главный редактор.

Несколько секунд мы смотрели друг на друга, потом в его глазах промелькнула плохо скрытая жалость, и он сказал таким тоном, каким нянечка разговаривает с ребенком-дауном:

— Вы ступайте в комнату, где сидит Ольга Вячеславовна Рубис, и отдайте ей рукопись. Вот сюда, налево, последняя дверь. Скажите, Сопиков послал.

С этими словами он быстро ушел, а я птицей полетела в указанном направлении, ощущая полнейшее счастье. Мне не сказали: «Пошла вон», не вытурили с позором.

Забыв про правила приличия, я без всякого стука распахнула дверь и очутилась в крохотной комнатенке, где впритык друг к другу стояли два письменных стола.

За одним сидел парень, за другим молодая, красивая, стройная блондинка, такой следует ходить по подиуму, а не томиться над бумагами. Окончательно растерявшись, я повернулась к юноше и спросила:

— Простите, это вы Ольга Вячеславовна Рубис?

Парень хихикнул и абсолютно серьезно ответил:

— Нет, я Алексей Брагинский, Рубис сидит напротив!

Представляете, что подумала обо мне редактор? Какой идиоткой она, очевидно, посчитала посетительницу! Но, несмотря на это, Ольга Вячеславовна вежливо спросила:

— Что у вас?

— Рукопись, меня Сопиков прислал, — затарахтела я, — детектив, все говорят, очень интересный, сейчас расскажу суть...

— Давайте я сама посмотрю, — перебила меня Ольга Вячеславовна.

Я знаю за собой одну особенность, как бы это помягче сказать... Понимаете, я слегка болтлива, мой рот не закрывается ни на минуту, язык без устали сообщает кучу по большей части никому не нужной информации. В момент волнения он начинает работать с утроенной силой, а из груди вырывается совершенно идиотское хихиканье.

Боясь показаться совсем уж полной дурой, я, мгновенно заткнувшись, протянула Рубис папку.

Красивой рукой блондинка взяла рукопись и, не глядя, точным, отработанным движением зашвырнула ее за спину.

Я проследила глазами за полетом будущей книги. В углу, за стулом Ольги Вячеславовны высилась гора разноцветных папок. Моя оказалась на самом верху, под потолком.

— Спасибо, — кивнула редакторша, — обязательно сообщим вам о принятом решении.

— Мне уже уходить? — ляпнула я.

Ольга Вячеславовна повертела в руках карандаш и спокойно повторила:

— Мы сообщим вам о принятом решении.

На деревянных, негнущихся ногах я дошла до троллейбусной остановки, плюхнулась на скамейку и зарыдала. Ну за каким чертом я поперлась в издательство. Ясно же, что я никому там совершенно не нужна. Господи, сколько у них рукописей, просто Монблан! Никто не станет читать повесть «Поездка в Париж». Зачем я полезла со свиным рылом в калашный ряд.

Слезы потоком текли по лицу. Я стянула с лысой головы беретку и стала вытирать ею сопли — всегда забываю дома носовой платок. Люди, ожидавшие троллейбус, сначала просто поглядывали на меня, потом начали утешать. Один сунул мне в руки бутылочку минералки, другой дал бумажную салфетку, третий протянул сигаретку...

Наконец истерика стихла, я поехала домой. И по пути приняла решение. Ладно, подожду несколько месяцев, а потом куплю справочник и стану методично обходить все издательства, имеющиеся в Москве, может, где-нибудь и окажусь нужной. Откажут везде, обращусь к провинциальным издателям.

Только совсем недавно, став в «ЭКСМО» почти своим человеком, я поняла, какое доброе дело сделал для меня Сережка, отправив туда. Сотрудники «ЭКСМО» читают все поступающие к ним «шедевры», исключений нет. Это политика издательства, вдруг да и мелькнет среди мусора жемчужное зерно.

Весь сентябрь и половину октября я бросалась на любой звонок телефона с диким воплем:

— Не берите, это меня из издательства ищут!

Домашние присмирели и стали вести осторожные разговоры, целью которых было подготовить «литераторшу» к отказу.

— Вот Льва Толстого с первой рукописью вообще выгнали, нам учительница рассказывала, — лихо врала Машка.

— Книги печатают не скоро, — внушал мне Димка, — твоя лет через пять появится, не раньше.

Муж ничего не говорил, он действовал. Видя, как убивается жена, понимая, как ей хочется стать настоящей писательницей, Александр Иванович поехал к одному своему знакомому, хозяину небольшого печатного дома, выпускающего сугубо учебную литературу, и сказал:

— Знаешь, Груня очень больна, единственное, что держит ее, — эти дурацкие, глупые книжонки. Чем бы дитя ни тешилось, лишь бы не умирало. Напечатай за мой счет сто штук ее повести, будет всем подписывать, радоваться.

И знакомый согласился. От меня переговоры скрыли, я узнала о них не так давно, когда хозяин того издательского дома, придя к нам в гости, оглядел тома написанных мною детективов и сказал:

— Да, нужно было тогда издать тебя и заключить договор об эксклюзивных правах на все твое творчество.

Абсолютно независтливый человек, я той осенью была готова сгрызть книжные лотки, в изобилии стоявшие у метро. Останавливалась у столиков, разглядывала многочисленные разноцветные томики и чуть не плакала. Господи, вон сколько изданий! Где же мои? Где?

В день рождения мужа, пятнадцатого октября, у нас загорелся мусоропровод. Дом наш, построенный в начале пятидесятых годов, имеет одну конструктивную особенность. Отходы жильцы вываливают не в ведро, а в мусоропровод прямо в стене кухни. Честно говоря, это не слишком удобно. Иногда оттуда распространяется омерзительный запах, а еще порой кое-кто из соседей швыряет в шахту окурки, и тогда начинает валить дым. На этот случай мы держим на кухне шланги.

Стоит только почуять запах гари, как все хватают резиновые трубки, надевают их на краны, спускают в дверцу и заливают огонь. Вода хлещет, пепел летит, оседает на пол... Сами понимаете, как потом выглядит кухня. Вот именно сей форс-мажор и приключился пятнадцатого октября. День этот вообще оказался для меня сложным. Утром я отправилась на укол, стала выходить из автобуса, споткнулась, толпа, шедшая сзади, поднаперла. Я рухнула прямо в жидкую грязь и безнадежно испортила светлое пальто. Потом, купив в булочной пирожные, уронила их в лужу, вдобавок, попав тонким каблуком в решетку у входа в метро, сломала его и домой пошла на цыпочках... Неприятности в тот день выдавались оптом, а часа в четыре случился пожар.

Залив пламя, я со вздохом принялась убирать грязь, мокрая, растрепанная, вся в саже и копоти. Налила в ведро воды, разболтала в ней стиральный порошок и стала мыть пол босиком.

— Мусечка, — радостно заорала Маня, протягивая трубку, — это тебя!

— Скажи, дома нет, — буркнула я.

— Это из «ЭКСМО», — зашептала Машка. — Я уже сказала, что ты несешься на зов!

Горечь затопила душу. Ну и денек, сначала пальто, пирожные и каблук, потом пожар, ну и на закуску сообщение о том, что моя рукопись абсолютно непригодна, чтобы ее издать.

Желая взять трубку, я машинально шагнула вперед, ноги в мыльной луже разъехались в разные стороны, я со всего размаха ударилась лицом о край стола, потом шлепнулась на линолеум и безнадежно сказала:

— Слушаю.

— Агриппина Аркадьевна? — раздался безукоризненно вежливый голос Ольги Вячеславовны.

— Да.

— Мы приняли положительное решение по вашей рукописи, но книга маленькая, всего сто шестьдесят страниц, нет ли у вас еще одной?

Я потрясенно переспросила:

— Что? Вы хотите печатать «Поездку в Париж»?

— Да, — подтвердила редактор. — Но возникла проблема, в вашей повести небольшой объем, нам нужна еще одна рукопись, если у вас нет...

— Есть, — заорала я так, что Машка отскочила

к двери и в ужасе уставилась на меня, — есть! Господи, вы до которого часа работаете?

— До половины шестого.

Взгляд упал на часы, стрелки показывали тридцать пять минут пятого.

— Только не уходите, — заорала я, — сейчас, уже бегу!

В трубке послышался легкий кашель.

— Хорошо, — ответила Ольга Вячеславовна и отсоединилась.

Я бестолково заметалась по квартире, одной рукой натягивая джинсы, другой распахивая шкаф, в котором лежали написанные детективы. Господи, в чем нести папки? На глаза попалась безразмерная авоська, в которой хранился репчатый лук. Я вытряхнула головки, сунула на их место рукописи и понеслась к двери. Тут наконец-то ожила Машка.

— Мама, — остановила она меня, — ты вся в саже.

Я схватила бумажный платок.

— Не задерживай меня, сейчас в «ЭКСМО» все уйдут, по дороге вытрусь.

— А зачем ты сунула трубку в ведро? — не успокаивалась девочка.

Я глянула в грязную воду, различила в ней очертания того, что еще недавно служило телефоном, и рассердилась:

— Вот ерунда, новый купим.

Маняша разинула было рот, но я уже вылетела на улицу, волоча за собой авоську, набитую папками.

В издательство я принеслась ровно в пять, не стала связываться с медленно тащившимся троллейбусом, схватила такси.

В кабинете опять сидели двое: Ольга Вячеславовна и Алексей Брагинский, я кашлянула:

— Здравствуйте.

— Садитесь, — кивнула редактор.

Брагинский на минуту оторвался от экрана компьютера, оглядел меня и снова уткнулся в работу. Ольга Вячеславовна тем временем начала говорить:

— Книга сырая, она потребует серьезной переделки.

Я воскликнула:

— Все, что хотите!

Брови Ольги Вячеславовны поползли вверх.

— Вот здесь наши замечания.

Я схватила листок. Так, восемнадцать пунктов, сущая ерунда.

— Завтра принесу переделанный текст.

Рубис неожиданно улыбнулась:

— Ну можно и через неделю, особой спешки-то нет. Еще придется переделать название, ваше маловразумительное.

— Да, да, все, что пожелаете.

Брагинский снова оторвался от компьютера и уставился на меня.

Я так хотела увидеть книгу напечатанной, что была готова на что угодно. Прикажи мне Ольга Вячеславовна раздеться догола и пробежаться по Тверской, мигом бы выполнила ее просьбу.

— Теперь об объеме, — продолжала редактор, — нам нужна еще одна рукопись...

— Есть! — радостно закричала я и водрузила ей на стол авоську, набитую папками. — Вот они! Выбирайте любую. Впрочем, что это я чушь несу, оставляйте все!

Ольга Вячеславовна заморгала, потом очень аккуратно выудила из авоськи рукописи и стала просматривать их.

Внезапно Брагинский упал лицом в стол, его плечи затряслись. Я решила, что ему стало плохо, но тут парень поднял голову, и стало понятно, что он просто умирает от смеха. Кое-как успокоившись, Алексей пробормотал:

— Чего только в Интернете не напишут, обхохочешься.

Ольга Вячеславовна довольно сердито глянула на коллегу, тот, продолжая хихикать, быстро вышел в коридор.

Потом, уже став постоянным автором, я подружилась с Алексеем Брагинским. Леша, несмотря на юный возраст, занимал в «ЭКСМО» одну из руководящих должностей, он был пресс-атташе издательства. Очень талантливый, высокопрофессиональный, фонтанирующий идеями специалист, Брагинский сделал много для того, чтобы продвинуть писательницу Дарью Донцову на книжном рынке. Иногда Алеша казался мне грубым, безапелляционным, но я быстро разобралась, что вся его нетерпимость и эпатажность всего лишь маска, а под ней скрывается тонкий, ранимый, сентиментальный человек, очень боящийся, чтобы окружающие не посчитали его кем-то вроде моего Ивана Павловича Подушкина. Одно время я и впрямь думала, что Леша грубиян, но потом услышала, как великолепно он играет на рояле, увидела, как любит свою дочь, узнала, какие у него настольные книги, прониклась к Леше глубоким уважением. Это была яркая, очень одаренная личность, по-настоящему интеллигентная, с нежной, ранимой душой. Увы, мне приходится употреблять глагол «был». Алексея Брагинского больше нет с нами, некоторое время назад он, вследствие трагической случайности, ушел из жизни в самом расцвете лет, не успев осуществить всего задуманного. И часто, когда я иду по длинному коридору издательства, мне чудится его чуть хрипловатый голос:

— Грушка! Наш вам привет! Опять принесли бедным издательским детям рукопись? Ну спасибо, теперь намажем на хлеб маслице! Ты пиши, пиши, глядишь, у нас и икорка появится!

Он так разговаривал со мной: то на «ты», то на «вы». Дико осознавать, что он ушел навсегда и не вернется. Но если разговоры про тот свет правда и Алексей имеет возможность увидеть нас, пусть услышит то, что я не успела сказать ему при жизни:

— Лешик, я люблю тебя, спасибо тебе за все. То место, которое ты занимал в моем сердце, не будет занято другими. Мне горько, что я потеряла друга.

Но в тот день, когда я вывалила на стол к Ольге

Вячеславовне рукописи, естественно, не знала, кто такой Брагинский.

Редактор аккуратно сложила папки стопкой, смахнула ладонью невидимую пыль с верхней и очень серьезно сказала:

— Теперь решим некоторые формальности, вы сейчас посмотрите договор и, если никаких возражений не найдется, подпишете. Деньги получите после того, как договор скрепим подписями.

— Какие деньги? — изумилась я.

— Гонорар, — пояснила Ольга Вячеславовна. Потом она помолчала немного и поинтересовалась:

— А вы разве не знаете, что писатели за книги получают деньги? Хотели бесплатно издаваться?

Я в замешательстве смотрела на Рубис. Мне, дочери писателя, очень хорошо было известно волшебное слово «гонорар». В раннем детстве я считала, что имеется этот человек, с фамилией Гонорар, у которого на службе состоит мой папа. Потом, конечно, я разобралась, в чем дело. Но, относя книгу в «ЭКСМО», я думала, что времена изменились и мне самой придется платить за издание рукописи.

— И еще, — завершила беседу Ольга Вячеславовна, — подумайте над псевдонимом. Ваше имя не подходит, фамилию можно оставить.

Надо сказать, что имя Агриппина мне никогда не нравилось. В 60-е годы оно было совершенно уникальным, даже эпатажным. Это сейчас детей стали называть Евдокимами, Анастасиями, Ксениями... Во времена моего детства были популярны другие имена: Светлана, Татьяна, Елена... У нас в школе имелась лишь одна Агриппина, впрочем, на журфаке и в «Вечерке» тоже.

Иногда со мной приключались комические ситуации. Однажды, стоя в очереди за продуктами в переделкинском сельпо, я услышала сзади себя дребезжащий тенорок:

— Грунь, ну купи бутылку!

Я оглянулась и увидела плюгавенького дедушку самого простецкого вида, в ватнике и сапогах. Решив, что это чей-то сторож, который знает меня с детства, я сердито отвернулась, посчитав ниже своего достоинства общаться с пьянчужкой. Честно говоря, я надеялась, что алкоголик отстанет, но он продолжал тупо ныть:

— Грунь, возьми беленькой, ну че тебе, жалко? Знаю, у тебя есть деньги, вон ту купи, дешевую. Грунь, а Грунь! Вот ты зараза какая!

Я разозлилась, резко повернулась к нему и очень сердито сказала:

— Не понимаю, по какой причине я обязана подносить вам спиртное, немедленно оставьте меня в покое.

Дедок вытаращил блеклые глазки:

— А ты тут при чем?

— Но вы же все время стонете: «Груня, купи бутылку».

— Ну и чего? — спросил дедок. — Я с женой балакаю, с Грунькой!

Я поглядела чуть вбок и заметила возле алкоголика крохотную старушонку, ростом чуть выше кошки, ее тоже звали Агриппиной.

В другой раз я шла домой и услышала крик:

— Груня, Груня!

Сами понимаете, что я моментально пошла на зов. Я привыкла быть единственной Груней в компании и решила, будто окликнули меня. Мужчина, оравший: «Груня, Груня», был мне совершенно незнаком.

Я кашлянула и спросила:

— Зачем я вам понадобилась?

— Кто? — изумился дядька.

— Я.

— Вы мне не нужны!

— Но ведь вы кричите: «Груня, Груня», — возмутилась я.

— И чего? — захлопал глазами незнакомец. — Я собаку свою зову, Груню, усвистала из двора, да еще вместе с Кешей!

— С кем? — еще больше возмутилась я. — Вы надо мной издеваетесь, да?

— Что я сделал такого? — воскликнул мужчина. — Вас знать не знаю, никому не мешаю, зову Груню и Кешу, удрали они, весна по голове ударила, вот и намазали пятки салом.

— Кто такой Кеша? — растерялась я.

— Так щенок Груньки, — пояснил дядька, — она пятерых родила, четырех пристроили, а этот остался. Во гляди, идут!

Я посмотрела в глубь двора и, сдерживая хохот, прижалась к стене дома. По дорожке вышагивала парочка: маленькая, тощая, беленькая болоночка и нечто крупное, темно-коричневое... Груня и Кеша, такого просто не бывает. Мало того, что болонку зовут как меня, так еще у нее сын Кеша, и если бы мы с Аркашкой уродились собаками, то выглядели бы именно так: маленькая, беленькая мамуська и большой черно-коричневый сынишка.

И уж совсем смешно вышло в лечебнице, куда я приволокла на прививку Черри. Ветеринар начал заполнять регистрационную карточку и спросил:

— Как зовут?

— Агриппина, — ответила я.

«Айболит» покачал головой:

— Вы меня неправильно поняли. Не кличка собаки, а ваше имя!

В сочетании с отчеством «Аркадьевна» Агриппина звучит совсем уж отвратительно. Начав работать в «Вечерней Москве», я поняла, что не каждому удается с первого раза правильно назвать меня. Народ обращался к корреспондентке «Алевтина», «Рина», «Ирена», «Арина» — кто как. Лучше всего меня обозвали в объединении «Мосводопровод». Я явилась туда, чтобы взять интервью у старейшего работника, который прослужил в ведомстве пятьдесят лет. Главный водопроводчик Москвы усадил журналистку в своем кабинете и торжественно заявил:

— Извините, Аргентина Аркадьевна, подождать пару минут придется.

Я вздрогнула, но постеснялась поправить его,

так он ко мне и обращался во время беседы — Аргентина.

Но еще бо́льшие трудности я обрела, став репетитором. Практически все дети, сразу потерпев фиаско, переставали обращаться к училке по имени. Я, смирившись с этим, предлагала:

— Можете звать меня на немецкий манер — фрау Донцова. — Но у нас не принято называть педагогов по фамилии, и это не прижилось. Особенно насмешил меня маленький Ваня Ромашин, старательно пытавшийся запомнить имя «Агриппина». Отчество он освоил быстро, а вот имя никак не укладывалась в его голове.

Один раз он встретил меня на пороге с абсолютно счастливым лицом и заявил:

— Я знаю, как тебя называть! Выучил! Как кашу!

Мне стало интересно.

— Какую кашу, милый?

Ванечка встал в торжественную позу и голосом глашатая воскликнул:

— Дорогая Гречка Аркадьевна, здравствуйте!

Так что с именем у меня были сложные отношения, оно мне совершенно не нравилось и даже раздражало. Поэтому предложение Ольги Вячеславовны было встречено мною с восторгом.

— Как вам нравится Дарья? — спросила редактор. — Коротко, красиво и в сочетании с фамилией отлично смотрится: Дарья Донцова, Д. Д. Легко запоминается, что для писателя важно...

Я подскочила на стуле. Господи, как она догадалась? Дарья — мое любимое имя. В подростковом возрасте я прочитала роман Алексея Толстого «Хождение по мукам» и навсегда влюбилась в одну из главных героинь, в Дашу. Я всегда завидовала женщинам с именем Дарья, и вот теперь мне предлагали поменять на него противную Агриппину.

Домой я явилась пьяная от новостей и положила перед мужем издательский договор. Мгновенно собралась вся семья и уставилась на бумаги.

— Они не шутят? — спросила Машка.

— Небось обманут, — предостерег Дима.

— Ты абсолютно уверена, что тебя ни с кем не перепутали? — поинтересовался Кеша. — Может, еще какая-нибудь Донцова рукописи сдала.

Александр Иванович молчал, он спокойно читал документ, потом сказал:

— Это надо подписать, кое-что мне не нравится, но альтернативы-то нет. Однако...

Я испугалась:

— Что?

Муж помялся, потом все же решился:

— Имей в виду, многие книги, несмотря на то что их авторы заключили договор с издательством, так и не вышли в свет. Не расстраивайся, если «Поездка в Париж» так и останется в рукописи.

Я взяла договор, ушла к себе в комнату, заперла дверь и заплакала. Никто в целом свете не верит, что я могу стать писательницей, одна Машка принимает мать за Агату Кристи.

Позвольте сделать небольшое отступление. Принеся свою работу в «ЭКСМО», я ничего не знала об этом издательстве, кроме того, что оно выпускает обожаемых мною Маринину, Полякову и Дашкову. Я была наивна, как новорожденный кролик, и совершенно не понимала, что моя рукопись катастрофически выбивается из всех существовавших до того канонов. Издательства выпускают литературу сериями. Очень часто начинающий автор слышат от редактора:

— Ваша книга вполне достойна быть напечатанной, но она не подходит ни для одной из наших серий, простите, мы не станем ее публиковать.

Расстраиваться в этом случае не стоит, надо просто потолкаться по другим издательствам, где-нибудь да и придетесь ко двору.

Так вот, моя «Поездка в Париж» поставила «ЭКСМО» в тупик. С одной стороны — детектив, с другой — семейная история. До меня все российские криминальные книги были очень серьезными, настоящими. Авторы успешно продолжали традиции Адамова, Леонова, братьев Вайнеров. А тут не пойми что: хихоньки, хахоньки, собаки, кошки, глуповатая Даша Васильева, гора трупов, и не страшно. Было еще одно обстоятельство, работавшее против меня. Действие первых двух книг разворачивается в Париже, а в «ЭКСМО» существовала установка: детективы должны быть только на российской почве. То есть все складывалось так, чтобы указать мне на дверь. Но таинственное НЕЧТО, решившее, что Груня должна обязательно превратиться в Дарью Донцову, распростерло надо мной свое крыло. Мне трижды феерически повезло.

Все рукописи, попавшие в «ЭКСМО», читают рецензенты. Если они дают благожелательный отзыв, за будущую книгу берется редактор.

«Поездка в Париж» попала на рецензию к преподавателю Литературного института Татьяне Сотниковой. Вы, скорей всего, знаете ее как Анну Берсеневу, под этим псевдонимом Таня пишет великолепные книги, любовные романы, настоящие, а не те, которые похожи на ведро с розовыми слюнями.

Прочитав рукопись, Татьяна пришла к Рубис и сказала:

— Сыро, много ошибок, но необычно, думаю, может понравиться людям, вы посмотрите.

Это было моим первым везением. Вторым оказалось то, что Рубис сама решила заняться «Поездкой в Париж».

Сейчас все мои книги доводит до ума Ольга Вячеславовна. Человек она скромный, поэтому, естественно, попытается вычеркнуть нижеследующие абзацы, но я сделаю то, чего не совершала никогда раньше и не сделаю впредь: поставлю условие. Эта автобиография появится на свет лишь в том случае, если в ней сохранят все, посвященное «ЭКСМО».

Так вот, об Ольге Вячеславовне. Не слушайте тех писателей, которые ворчат:

— Мне не нужен редактор!

Да, редактура бывает разной: плохой, хорошей и гениальной. Мне повезло: я получила третий вариант. У Ольги Вячеславовны острый глаз, великолепная память, безупречный вкус и огромное желание выпустить вашу книгу. Именно вашу, а не нечто, переписанное собственной рукой.

Сколько глупостей выловила она в моих рукописях! В «Даме с коготками» действие начиналось в ноябре, а потом, через месяц, продолжалось в апреле, затем отчего-то в книге наступил декабрь... В «Жене моего мужа» действовала Анна Семеновна, папу которой звали Анатолий. Вот так просто: Анна Семеновна и папа ее Анатолий, родной, не отчим. Кое-кто из героев на первых страницах сверкал голубыми очами, в середине рукописи глядел карими, а в конце из его серых глаз текли слезы. Один раз Ольга Вячеславовна спросила:

— Агриппина Аркадьевна, вы когда-нибудь видели «Вольво»?

— Сто раз, — заверила я ее.

— Так вот, — покачала головой редактор, — у вас тут написано: «...быстро залезла под «Вольво». Это невозможно!

Я вышла на улицу, отыскала глазами нужный автомобиль и вздохнула. Опять Рубис права! Под «Вольво» ни за что не протиснется даже Даша с ее сорока пятью килограммами веса. Не знаю, что было бы, попади моя первая рукопись в другие руки.

Прочитав «Поездку в Париж», Ольга Вячеславовна пошла к Сопикову, показала ему рецензию Сотниковой. Игорь Вячеславович заколебался и в конце концов решил рискнуть. И это было моим третьим огромным везением.

Приняв решение печатать меня в «ЭКСМО»,

Ольга Вячеславовна, Татьяна Сотникова и Игорь Вячеславович начали «воспитывать» нового автора. Меня элементарно учили писать, терпеливо исправляли неточности. На каждую рукопись имелась рецензия Татьяны, где педантично указывалось:

а) стр. 25 — Героиня стреляет из винтовки, где она ее взяла?

б) стр. 28 — фраза «...вынула суп из СВЧ-печки», — это невозможно, в СВЧ-печке жидкость не кипит, она взлетает вверх, когда достаешь тарелку.

в) стр. 42 — Даша хромает, она сильно порезала ногу. Стр. 43 — она же ловко прыгает через забор. Так не бывает.

Получив листок, я хваталась за голову и, ругая себя за глупость, принималась устранять неточности. Потом за дело бралась Ольга Вячеславовна.

Собственно говоря, Дарью Донцову родили три человека: Таня Сотникова, Ольга Вячеславовна Рубис и Игорь Вячеславович Сопиков. Уж не знаю, как им понравится такое заявление, но они мои литературные отец и мать.

Впрочем, хочу заметить, что очень многие писатели были любовно выпестованы этими людьми. В этом издательстве говорят:

— Мы не переманиваем чужих авторов, а выращиваем своих.

В отношении меня это стопроцентная правда. Впрочем, уже будучи хорошо известной детективщицей с многомиллионными тиражами, я столкнулась с другими представителями издательского бизнеса.

Однажды в моей квартире раздался звонок, и приятный мужской голос сказал:

— Дарья Аркадьевна, мы очень хотим обсудить с вами одну проблему, можно подъехать?

Я, не ожидая ничего плохого, согласилась. Через час у меня в гостиной сидел человек самой интеллигентной наружности. Решив не тянуть кота за хвост, он мгновенно приступил к делу:

— Сколько вам платит «ЭКСМО»?

Я улыбнулась:

— Честно на такой вопрос я отвечаю только в налоговой инспекции. А в чем дело?

Дядька хмыкнул:

— Тоже мне секрет Полишинеля, цифра хорошо известна.

— Вы приехали, чтобы сообщить ее? — удивилась я.

Мужчина ухмыльнулся, открыл «дипломат», я увидела внутри портфеля деньги.

— Предлагаю вам лучшие условия, — сообщил гость, — пересчитайте, тут в два раза больше, чем вам отстегивает «ЭКСМО»!

Я поперхнулась и поинтересовалась:

— Хотите отдать мне эти деньги?

— Да.

— А за что?

— Рукопись, которая лежит сейчас на вашем столе, — наша.

Я молча глядела в его противную физиономию. Так, главное сейчас не треснуть дядечку кулаком в нос, но издатель понял мое молчание по-своему.

— Берите, берите, — заулыбался он.

— Понимаете, — протянула я, — в мои планы не входит покидать «ЭКСМО». Честно говоря, я надеюсь издаваться у них всю свою жизнь. Если они выгонят сами, буду плакать на крылечке и зашвыривать им рукописи в окошко!

— Они вас обманывают, — фыркнул нахал, — платят копейки, я даю в два раза больше.

Я хотела было ехидно заметить, что две копейки тоже не слишком много, но удержалась и попыталась объяснить наглецу свою позицию:

— «ЭКСМО» взяло меня с улицы и превратило в известную писательницу, ну представьте, что вы бедная, не слишком красивая девочка, вышли замуж за пожилого богатого человека, который дал вам все: имя, деньги, положение. И вот, став светской львицей, вы решаете поменять этого мужа на молодого хахаля. В системе моих координат это называется подлостью. Что же касается денег, то я никогда не скрывала, что не слишком в них нуждаюсь. Если «ЭКСМО» не сможет выплачивать мне гонорары, я все равно стану отдавать им рукописи. Не все в нашем мире меряется звонкой монетой. Понимаете, я замужем за «ЭКСМО» и, как порядочная женщина, не намерена изменять супругу.

Издатель захлопнул портфель.

— Дура, — заявил он.

— Идиот, — не осталась в долгу я.

— Всю жизнь в нищете проведешь, кретинка!

— Пошел вон, мерзавец, — зашипела я, — немедленно поднимай жирный зад и ковыляй отсюда, а то нажму «тревожную» кнопку, явится патруль и запихнет тебя в обезьянник.

Далее мы перешли на совсем уже неприличные выражения, и в конце концов мужик ушел, унося «подкупные».

Самое интересное, что мы встретились с ним потом в эфире передачи «Звездная гостиная», и этот пакостник соловьем заливался у микрофона, негодуя:

— Некоторые издатели, люди без совести и чести, нагло переманивают чужих авторов.

К сожалению, под рукой у меня не оказалось тяжелого предмета, чтобы дать ему по башке.

Прошло несколько месяцев после подписания договора, потом Ольга Вячеславовна позвонила и, как всегда, ровным, спокойным голосом сообщила:

— Агриппина Аркадьевна, заберите авторские.

— Что? — не поняла я.

— Вам положено десять бесплатных книг, как автору, — пояснила редактор.

— Книга вышла? — заорала я.

— Конечно.

Я побежала в «ЭКСМО», побросав все дела. Когда в моих руках оказался томик в светло-сером переплете, из глаз хлынули слезы. Я прижала книгу к груди. Это неправда, мне снится сон!

— Как вам обложка? — озабоченно поинтересовалась Ольга Вячеславовна.

— Великолепная, — простонала я, обнимая книжку, — лучше не бывает, потрясающе, удивительно, необыкновенно...

Ольга Вячеславовна покачала головой:

— А мне не очень, опять художники напортачили!

Я вышла на улицу и пошла к метро. У входа на станцию «Сокол» толпились лотки. На одном я увидела свою книгу, не передать словами, что я ощутила, когда глаза прочли: «Дарья Донцова. Крутые наследнички».

— Сколько стоит вон та, в сереньком переплете? — спросила я у торговки.

Та буркнула цену.

— Не знаете, интересная книжка? — продолжала я, вертясь перед лоточницей.

Честно говоря, я надеялась, что она узнает меня, на обороте-то есть фотография, всплеснет руками и заголосит:

— Ой, ой! Это вы автор!

До жути хотелось славы. Но женщина устало сказала:

— Донцова какая-то! Фиг ее знает, развелось их, как собак нерезаных. Берете?

Я покачала головой и поехала домой. Когда мои родные увидели книгу, реакция их была странной.

— Надо же! — воскликнул Кеша. — И такое печатают.

— Смотри-ка, — восхитился Димка, — книжка! Почему обложка такая страхолюдская?

— Имей в виду, — назидательно сказал Александр Иванович, — одну книгу может, в принципе, написать любой человек, а вот вторую...

Я заскрипела зубами. Между прочим, я уже сдала в издательство шесть рукописей. Отчего никто не верит в то, что я стану известной писательницей? И только Маруся, обняв меня, закричала:

— Мусенька! Ты гениальнее всех! Я же говорила, что ты затмишь Агату Кристи!

Потом наступил тяжелый год. Каждый месяц я, словно по расписанию, двадцатого числа появлялась в «ЭКСМО» с новой рукописью. Мне ласково кивали, заключали договор, брали папку, платили деньги и... не печатали книги.

Я пребывала в крайнем замешательстве. Ольга Вячеславовна на все мои вопросы загадочно отвечала:

— Подождите, Агриппина Аркадьевна, нам надо принять решение.

Сыновья издевались надо мной, как могли.

— Я знаю, — хитро улыбался Аркашка, — отчего тебе платят деньги и берут рукописи — чтобы отвязаться, уж больно ты писучая, остановись!

Но меня словно черт толкал под руку. Лента невероятных событий постоянно раскручивалась перед глазами. Первое время я плохо управлялась с «кинофильмом». В комнату входил Александр Иванович и спрашивал:

— Ужин есть?

Я, оторвавшись от бумаги, неслась на кухню, потом возвращалась назад и въезжала в совершенно другую сцену. Пока подогревала котлеты, «механик» спокойно показывал фильм, я не понимала, что же произошло в мое отсутствие, но потом научилась останавливать бег событий.

Через некоторое время стало понятно: герои мне совершенно не подчиняются, делают что хотят. Я же могу принимать участие в ситуации только как одно из действующих лиц: Даша, Виола, Лампа или Иван Павлович.

Если вы прочтете все мои детективы, то ни в одном не найдете фразы типа: «Пока я спала, Маша поехала в магазин, там она встретила Лешу. «Привет!» — сказала дочка» и так далее. Я могу описывать только то, что вижу собственными глазами. Вот и сейчас сижу в своей комнате, дверь закрыта, собаки спят на кровати, уютно горит настольная лампа, на тумбочке стоит моя любимая чашка, украшенная изображением кошек... Одним словом, я вполне способна сообщить вам все мелкие детали интерьера кабинета, но то, что происходит в данный момент в гостиной, от меня скрыто. Догадываюсь, конечно, как проводят время домашние, но точно-то не знаю, меня там нет. Так и с книгами.

Меня часто спрашивают, откуда мне в голову приходят сюжеты, у меня нет ответа на этот вопрос. Вот представьте себе видеомагнитофон, который демонстрирует фильм Антониони. Кто гениальный? Видик или Антониони? Бытовой прибор всего лишь ретранслятор. И я, наверное, очень на него похожа. Просто «втыкаюсь» куда-то и имею перед глазами картинку. Мне очень трудно объяснить вам, как происходит процесс, слов не хватает. Только сейчас я поняла, что имел в виду Валентин Петрович Катаев, когда говорил про голос, который нашептывает ему на ухо новую книгу.

Начиная работу над очередным детективом, я просто превращаюсь в одну из своих героинь и начинаю жить ее жизнью. Порой возникают комичные ситуации. Если Даша Васильева, большая любительница «Макдоналдса», закусывает в этой харчевне, у меня потом болит желудок. Евлампия Романова существо болезненное, у нее частенько случается простуда, так вот я, превратившись в Лампу, мгновенно принимаюсь кашлять и чихать.

В августе прошлого года мы жили на съемной даче в Переделкине. Готовить еду не хотелось, и я, долго не раздумывая, купила абонемент на посещение столовой Дома творчества. Где-то около трех часов дня мои домашние закричали:

— Эй, хватит над бумагой чахнуть, пошли харчиться.

Я вынырнула из рукописи и в задумчивости подошла к шкафу. Помню свое удивление: надо же, на улице ледяной декабрь, а у меня из верхней одежды лишь пуховик, довольно короткий, просто кургузый.

Решив утеплиться, я влезла в длинные шерстяные брюки, свитер, натянула куртку, шапку, варежки и вышла во двор.

Домашние уставились на меня во все глаза. В воздухе колыхалась липкая жара и ощущался неприятный запах гари — под Москвой тлели торфяники. Аркадий, одетый в майку и шорты, очнулся первым.

— Мать, — строго велел он, — ступай назад и немедленно переоденься! Зима в твоем дурацком детективе, а у всех россиян давно лето: птички поют, грибочки растут, травка зеленеет, солнышко блестит!

Если у меня на тумбочке лежит рукопись про Дашу, то это гарантия того, что я потрачу кучу денег. Даша Васильева, получившая наследство барона Макмайера, разбрасывает доллары направо и налево, я не имею такой возможности, сама-то никогда не получала бешеные миллионы. Но совершенно бесполезно останавливать себя в момент написания книги про Дашу. Теперь я знаю, лучше всего в эти дни вообще не ходить ни в какие магазины, кроме булочной, там-то много не израсходуешь.

Потом в моей жизни начались недоразумения. Дело в том, что в моих книгах главные герои носят имена реальных людей. Аркадий и Маша — это мои собственные дети. Но «книжные« отпрыски Даши Васильевой и настоящие Кеша с Марусей все-таки не похожи.

Когда вышла первая книга, Маша на меня обиделась и сказала:

— Ну вот! Сделала из дочери грязнулю! Вечно у нее беспорядок в комнате.

— Всем же понятно, что «книжная» Маша придумана, — отбивалась я, — она просто слегка напоминает тебя.

— И чипсы я никогда в кровати не ела, — не успокаивалась Маня, — терпеть их не могу, лучше соленый помидорчик!

— Не переживай, детка, — утешала я девочку, — все близкие знают, что сходство между той Машей и тобой чисто внешнее.

Потом у нас появился компьютер, программа Ай-си-кью, мои фанаты, невесть где раздобывшие номер, толпой ввалились в «Асю», и первое, о чем они спросили Марусечку, было:

— Маня, скажи, какие чипсы ты больше всего любишь есть в кровати?

Бедная Маня, решив не выпадать из образа, скрипнула зубами и пошла в магазин изучать марки чипсов.

Я только похихикала, я еще не знала, каких демонов выпустила наружу.

Затем произошло невероятное. Как-то вечером Кеша, придя домой, заглянул в кухню и хитро сказал:

— Мать, иди в прихожую, кое-что покажу.

Я отложила тесто и с тревогой воскликнула:

— Опять нашел на помойке кошку!

— Не-а, — усмехнулся сын, — это не кошка!

— Собака! — возмутилась я. — О господи! Опять придется пристраивать по знакомым.

— То, что ты сейчас увидишь, не принадлежит к животному миру, — обнадежил меня Кеша, — и я это не с помойки привел!

Слегка успокоившись, я пошла за ним, очутившись в прихожей, я удивилась. Возле входной двери стояла девушка, очень худенькая, в брючках.

— Что же ты держишь гостей на пороге? — упрекнула я сына. — Ну-ка познакомь нас.

— Ты ее великолепно знаешь, — захихикал Кеша, — ну просто как облупленную.

Я попыталась разглядеть лицо незнакомки, в прихожей горело только одно довольно тусклое бра. Наверно, это кто-то из выросших дочерей наших приятелей, если Аркашка уверяет, что мы отлично знакомы...

Вдруг ярко вспыхнул свет, сын зажег пятирожковую люстру. Я ахнула. Передо мной стояла Зайка, та самая, героиня «Крутых наследничков» и других, пока еще не изданных книг. Именно такой я ее увидела в своем «кинофильме». Очень худенькая, просто тростиночка, темно-карие глаза, милая улыбка...

— Знакомься, — веселился Кеша, — Зайка собственной персоной. Я как ее увидел, сразу это понял.

Девушка растерянно смотрела на нас, плохо понимая происходящее, она не читала моей книги, она ничего не слышала о писательнице Дарье Донцовой.

— Вот только с именем облом, — не успокаивался сын, — ее зовут не Ольгой, а Наталией!

В глазах девушки мелькнул огонек, и я мгновенно поняла, что она так же ревнива, как и Зайка. Забегая вперед, скажу, что Наташка оказалась похожа на Заю не только внешне. Я увидела ее образ, описала его на бумаге, и потом он ожил и пришел ко мне в реальности.

— Может, попросить ее паспорт поменять? — хихикнул Кеша. — Чтоб уж совсем по-твоему вышло.

Когда в «ЭКСМО» скопилось двенадцать моих

рукописей, Ольга Вячеславовна торжественно объявила мне:

— Мы запускаем новую серию под названием: «Иронический детектив».

И мои книги начали выходить каждый месяц. Ей-богу, я совершенно не представляла, что меня ждет впереди. Наивно думала, что стану по-прежнему носить рукописи в «ЭКСМО», писать весь день в свое удовольствие, ну, может, иногда раздавать автографы...

Кстати, свой первый автограф я дала Александре Марининой на Московской книжной ярмарке. Я пришла туда и увидела огромную толпу. Человеческое море колыхалось в разные стороны. Вглядевшись, я сообразила, что на стенде «ЭКСМО» подписывает свои книги Александра Маринина. Марина Анатольевна, таково настоящее имя этой писательницы, трудилась, не разгибая спины, сотрудники издательства вспугнутыми кошками носились на склад и притаскивали оттуда все новые и новые пачки ее детективов. Книг не хватало, толпа нервничала.

Я стояла тихо в углу, около меня сиротливо высились на столе двадцать штук «Крутых наследничков», издательство не рассчитывало продать на этой ярмарке большее количество единственного детектива Дарьи Донцовой.

Честно признаюсь, мне было очень не по себе. Вдруг Марина Анатольевна на секунду оторвалась от фанатов. Она окинула меня быстрым взглядом, задержала его на обложке моей книги и сказала:

— Здравствуйте, Даша, мне очень понравилась ваша повесть, подпишите «Крутые наследнички».

Конечно, она не читала Дарью Донцову. Просто увидела мое растерянное, несчастное лицо и мигом оценила ситуацию.

Когда вышел «Контрольный поцелуй», у нас дома раздался звонок, и милый, девичий голос спросил:

— Можно взять интервью у Дарьи Донцовой?

Я сама бывшая журналистка, стоптавшая не одну пару сапог в погоне за интервью, поэтому мгновенно ответила:

— Конечно, приходите, когда вам угодно.

В назначенный час в гостиной на столе стоял торт, который я купила, вспоминая жену маршала Катукова.

Журналистка опоздала на сорок минут, думая, что она заблудилась, я, открыв дверь, воскликнула:

— Наверное, вы прошли дальше и попали в другой дом! Я забыла вас предупредить, что у метро следует сразу повернуть направо.

— Нет, — спокойно ответила девица, снимая курточку, — я мгновенно вас нашла.

Потом она прошла в гостиную, оглядела стол, вынула диктофон и заявила:

— У меня времени всего пятнадцать минут, давайте в телеграфном стиле.

Я слегка удивилась, но согласилась.

— Да, да, пожалуйста.

Девушка, по виду чуть старше моей Маши, хмыкнула и спросила:

— Как вы относитесь к оральному сексу?

Знаете, я редко теряюсь, но в тот момент просто не нашлась, что ответить, заблеяла что-то невразумительное, закашлялась...

Слава богу, следующие вопросы звучали вполне обычно, и я сумела прийти в себя. Девушка провела у меня едва ли десять минут, потом, заявив: «Пора, у меня сейчас еще интервью с самим Никитой Михалковым», — убежала.

Я в растерянности оглядела стол. Однако я начинаю походить на Фамусова, героя бессмертной комедии «Горе от ума», который упрекал молодое поколение в полном отсутствии воспитания! Но в душе все равно плескалось возмущение: разве можно комкать интервью и сообщать человеку, что торопишься к другому «объекту», пусть даже к самому Михалкову? На мой взгляд, это крайне непрофессионально.

Потом, когда ко мне стали стаями ходить представители прессы, я поняла, что основная их масса — это люди, которые неправильно выбрали профессию. Ей-богу, они порой говорили такие странные вещи!

Одна девочка, включив диктофон, принялась зевать. Я, опытный интервьюер, хорошо знаю, что из большого объема информации легко сделать статью. Ну сами подумайте, когда тот, кого вы «допрашиваете», произносит лишь «да» или «нет», материала не получится. Понимая это, я стараюсь отвечать на задаваемые вопросы максимально подробно, единственное, что меня удивляет, вопросы эти, как правило, оказываются совершенно одинаковыми. Лично я, собираясь в свое время на интервью, первым делом шла в справочную библиотеку и перечитывала там все материалы, уже выпущенные об объекте. Наверное, эти библиотеки есть в газетах и журналах до сих пор, просто никто в них не заглядывает. Так вот, девочка, выслушав меня с выражением крайней скуки на лице, заявила:

— Может, сами напишете материал?

Я удивилась:

— Но ведь это ваша работа!

— Ага, — кивнула девица, — подпись будет моя, только уж больно писать не люблю.

Я чуть было не выпалила: «Зачем же тогда пошла в газету работать?»

Но сдержалась и промолчала.

Еще мне запомнилась девушка из довольно солидного журнала. На встречу она пришла не одна, а с мужчиной.

— Мы вдвоем, — заявила девица с порога, — пустите?

Я посторонилась:

— Входите!

Ну не объяснять же ей, что просто невоспитанно являться на интервью, не предупредив хозяйку о составе «делегации».

Парочка села у стола, оглядела пирожные, скривилась, вытащила диктофоны, и началось:

— Вот вы говорите, что дружите с Полиной Дашковой, а она недавно в газете заявила: «Донцова пишет дерьмо, я работаю лучше».

Я улыбнулась. Очень хорошо знаю Полину, она не способна сказать такое.

— Дашкова права, — она лучший стилист, чем я! Хотя сомневаюсь, чтобы Полина могла сказать подобную фразу, простите, в каком издании было опубликовано интервью? С удовольствием прочитаю его, — ответила я.

Парочка переглянулась и, проигнорировав мой вопрос, понеслась дальше. «На вас пишет бригада?», «Вам не стыдно портить русский народ своими книжками?», «Понимаете, что лепите подделки?», «Может, лучше заняться настоящей литературой?» Часа два они опускали меня головой в унитаз. Все это время Зайка с приветливой улыбкой наливала им чай, Кеша подносил пирожные, а собаки вертели хвостами. Я же старательно отвечала. Вскоре стало понятно: девица глуповата, она играет роль декорации, а мужик, очевидно, сам пробует писать книги, отсюда и агрессия.

В конце концов девочке стало неудобно, и она ляпнула:

— Вы это, того... не думайте, что мы такие злые, просто у нас задание нарыть чернуху!

Парень сердито глянул на товарку, и та, поняв, что сказала лишнее, спросила:

— Можно мне в туалет?

— Конечно, — засуетилась Зайка, — по коридору налево.

Но девушка пошла в другом направлении, я услышала, как она осторожно открывает дверь сначала в мой кабинет, потом в спальню мужа, в гардеробную... Журналистка явно хотела обозреть помещения, куда ее не приглашали. Через пару минут по гостиной разнесся радостный голосок нахалки:

— Вау! Я нашла компромат! У ее дочери в комнате такой бардак! И тарелка с недоеденными макаронами стоит.

Мы с Зайкой на секунду опешили, но потом, переглянувшись, решили никак не реагировать. Уже уходя, девчонка воскликнула:

— Вы очень хорошо играете роль, предписанную вам издательством. Такая добрая, ласковая, чуть бесшабашная Даша! Даже мы не сумели вас раскрутить на агрессию.

Внезапно мне стало ее жаль. Наверное, у этой красивой девушки не слишком счастливая судьба, небось ей на жизненном пути попадались одни сволочи, если она считает, что злобность — это непременная черта любого человека.

Еще мне вспоминается фотокорреспондент, с порога сказавший:

— Понимаете, какая честь вам оказана? Я фотохудожник, который снимал самого Крюкова!

Я растерялась, а наивная Зайка ляпнула:

— А кто такой Крюков?

— Не знаете? — возмутился фотокор.

— Нет, — хором ответили мы с невесткой.

— Ужасно, — покачал он головой, — не слышать о Крюкове! Вот люди!

Развив в нас комплекс неполноценности, он начал выстраивать композицию:

— Шкаф надо передвинуть, на его место поставить диван!

— Это невозможно, — пискнула я, — мебель встроена в стену.

Но фотограф решил не сдаваться:

— Выломать немедленно!

— Нельзя! — рявкнула Зайка.

— Так и быть, — со вздохом согласился он, — тогда переставляйте остальное. Ну что замерли, действуйте, стол к окну, стулья вдоль стены, сервант в коридор. Быстрей, быстрей, раньше начнем, раньше закончим...

С этими словами он вытащил сигареты и, не спросив разрешения, со смаком закурил.

Мы с Зайкой, потные и красные, полчаса толкали тяжелую мебель.

— Экие вы тормозные, — упрекнул нас нахал, — ладно, сойдет.

Зая шлепнулась на диван, я на кресло, стараясь унять бешено колотившееся сердце. Но перевести дух мне не дали.

— Идите переоденьтесь, — велел корреспондент, — длинное платье, бриллианты, мех.

— У меня нет такого!

Парень нахмурился:

— У соседей нельзя попросить напрокат?

— Нет.

— Но у меня задание снять шикарную Донцову, — возмутился гость. — В мехах и драгоценностях! На обложку! Не уйду, пока не переоденетесь!

С этими словами он нажал на какую-то кнопку, и над длинным железным штативом, установленным им в гостиной, с ужасающим скрежетом раскрылся серебристый зонтик. Мопсиха Ада от ужаса мгновенно напрудила лужу, Муля опрометью бросилась под диван. Из-за редкостной тучности наша Мульяна не способна целиком залезть под софу, поэтому она лишь засунула в спасительное убежище голову, оставив снаружи весьма объемистую филейную часть.

Глядя на то, как трясутся окорока Мульяны, я с тоской поняла: фотограф не обманывает. Он и впрямь будет сидеть тут, пока я невесть откуда не добуду все атрибуты шикарной, в его понимании, дамы. Он просто поселится у нас в гостиной, выломает из стены мебель, собаки будут валяться в обмороке, а мы с Зайкой, как чрезмерно нервная Адюня, начнем прудить лужи в квартире. Следует побыстрее избавиться от докучливого гостя.

Очевидно, та же мысль посетила и Зайку, потому что она внезапно вскочила и убежала. Я пошла за тряпкой, чтобы вытереть лужу.

— Вот, — сообщила Зая, вбегая назад в гостиную, — я все нашла, пошли.

В кабинете Александра Ивановича на кровати валялся кусок зеленого шелка.

— Это что? — удивилась я.

— Занавеска, старая, из Машкиной комнаты, разве не помнишь? — ответила Зайка.

— Зачем она тут?

— Сейчас закутаю тебя в нее, заколю булавочками, классно выйдет, — вдохновилась Заюшка, — а ну раздевайся.

Нашлись и драгоценности. Хитрая Зая порылась в коробке с елочными игрушками, вытащила нитку огромных «жемчужин» и обмотала ими мою шею. Мехом послужил коврик, лежавший около унитаза, знаете, бывают такие покрытия, похожие на шкурку неизвестного животного? Зайка накинула коврик мне на плечи и удовлетворенного заявила:

— Классно вышло! Хорошо, что тут вырез для ноги унитаза есть! Честное слово, на тебе коврик намного лучше смотрится, чем на полу возле «фарфорового друга».

Из моей груди вырвался вздох, приятно осознавать, что Зая, сравнив свекровь с толчком, все же решила, что я лучше.

Фотографию сделали, она украсила собой обложку одного модного российского журнала. Я на ней выгляжу выше всяких похвал, просто залюбовалась собой, наткнувшись на издание в ларьке. Писательница Дарья Донцова, одетая в ярко-зеленое платье, стоит у стены. На ее шее блестят жемчуга, на плечах топорщится мех. Снимок напоминает портреты художника Шилова. Ну просто великая императрица, а не обычная женщина. Взор мой устремлен вдаль, на дне глаз плещутся какието необычайные мысли... Понятно, что эта дама, скорей всего, размышляет над судьбами человечества...

Сразу и не скажешь, что платье — всего лишь занавеска, «жемчуга» — елочное украшение, эксклюзивный мех... Ладно, об этом не будем. Что же касается вдохновенного выражения глаз, то я очень хорошо помню, о чем размышляла во время съемки. Гадкая Мульяна, воспользовавшись тем, что люди не обращают на собак никакого внимания, сперла со стола кусок селедки и шмыгнула с ним в коридор. Я не имела никакой возможности побежать за ней с тряпкой, и оставалось лишь мрачно гадать, на чьей подушке она сейчас собралась расположиться, дабы со всеми удобствами схарчить добычу.

Избавившись от фотографа, я с облегчением вздохнула, но, как выяснилось, совершенно зря, потому что на следующий день явился другой паренек и предложил:

— Давайте сделаем стебную фотку!

— Хорошо, — осторожно кивнула я, — можно попробовать.

— Отлично, — засуетился юноша и распахнул окно, — значит, так, садитесь на подоконник, ноги наружу.

Я попятилась. Квартира наша находится на пятом этаже, потолки здесь больше трех метров... А я с детства боюсь высоты. Но юноша, фонтанируя энтузиазмом, совершенно не замечал ужаса в глазах объекта съемки.

— Значит, — радостно тарахтел он, — ножки свесите наружу. Одной рукой прижмете к себе внука Никиту, другой — мопсиху, вон ту, толстенькую...

Я затрясла головой. Муля весит пятнадцать килограммов, а Никитос у нас тоже весьма упитанный мальчик. Сидеть над бездной, держа в руках два дорогих моему сердцу существа, мне совершенно не хотелось. Но окончательно добила меня последняя фраза сумасшедшего юноши:

— На ступнях у вас должны быть туфельки на высоком каблуке, одну повесите на пальцы ноги, и покачивайте ею, покачивайте...

По счастью, в этот момент в доме оказалась Маша, которая мгновенно просекла ситуацию. Скривившись, дочь заявила:

— Ну это вторично!

— Ты полагаешь? — озабоченно спросил паренек, больше всего желавший выпендриться.

— Точно, — кивнула Машка, — уже есть фото Мадонны. Она сидит в окне своего дома, обнимая детей.

— Вспомнил! — мгновенно воскликнул фотограф. — Эх, как жаль!

— Есть лучшая идея, — продолжала Машка, — у меня в комнате стоит плюшевая овца, пусть мама на нее верхом сядет, классно выйдет!

После того как счастливый юноша, исщелкав две пленки, ушел, я вздохнула:

— Придет же в голову такое! Сидя на подоконнике! Все-таки Мадонна отчаянная женщина! И как она только согласилась на подобное!

Маня хихикнула:

— Да уж небось Мадонна не дура! Это я придумала про фото, чтобы он отказался от дурацкой затеи!

Я посмотрела на Машуню с огромным уважением. Ей-богу, она намного умнее матери.

Впрочем, журналисты к нам теперь приходят почти каждый день, и со многими мы стали друзьями. Ира Еремина из газеты «Жизнь», Влад Васихин из «Огонька». Надя Купская из «Мегаполиса», Володя Харченко из «Экспресс-газеты», Татьяна Нестерова из «Космополитен», Аня Новикова из «Аргументов и фактов», Светлана Сафонова, Оля Костюкова, Лариса Левитас, Ирина Подлесова, Ярослав Щедров, очаровательный юноша по имени Костя из «МК», фотокорреспонденты Александр Корнющенков, Дима Власенков, Лев Шерстянников... И еще много других, высокопрофессиональных людей, работать с которыми настоящее удовольствие.

Случались и неприятные открытия. Одна дама, явившаяся за интервью, принялась настойчиво расспрашивать меня о строительстве дома. Где он расположен, сколько комнат, какая отделка. Я обозлилась и достаточно сурово ответила:

— Простите, мне не хочется говорить на эту тему. Дома пока нет, когда выстроим, тогда и побеседуем.

Журналистка улыбнулась, демонстративно выключила диктофон и смущенно сказала:

— Ох, простите, это не для печати. Мы сейчас с мужем сами влезли в строительство!

Почувствовав родственную душу, я моментально приволокла из кабинета супруга поэтажные планы и принялась с жаром описывать идеи, пришедшие нам в голову. Диктофон стоял выключенным, корреспондентка, очаровательно улыбаясь, выспрашивала самые мелкие детали типа:

— А на лестнице плитка какого цвета?

Представьте теперь мое изумление, когда через пару месяцев я увидела журнал, на обложке которого красовался анонс: «У нас эксклюзивное интервью Донцовой. Ложкино, каким оно станет».

На развороте было помещено мое интервью, в деталях рассказывавшее о строящемся доме. Материал украшало фото особняка, не имевшего ничего общего с тем зданием, которое только начала возводить компания «Инком». У милой, обаятельной журналистки в сумочке был спрятан еще один, великолепно работающий диктофон.

Несколько дней я ходила под впечатлением случившегося, потом поняла: сама виновата, нечего распускать язык, он мой главный враг.

Но если работу газеты я знала досконально, то предложение Лены Кадушевой поработать на радиостанции «Маяк» застало меня врасплох. Передача, в которой мне предстояло стать ведущей, именуется «Звездная гостиная». Просто ужасное, на мой взгляд, название, но придумала его не я. Продолжается действо ровно час, выходит в эфир каждую среду, ровно в двадцать один ноль-ноль. Сценарий «шоу» не меняется. Первые полчаса — беседа с каким-нибудь писателем, издателем или книготорговцем, потом небольшой выпуск новостей, и я снова в эфире. Следующие тридцать минут отданы викторине. Ведущая задает вопросы, а слушатели кидаются к телефонам и начинаю дозваниваться до студии, всем хочется получить за правильный ответ книгу. Кстати, там разыгрываются порой уникальные издания. Литературу предоставляют различные издательства, и, естественно, все они хотят показать свои лучшие работы. Никаких томиков карманного формата, только твердый переплет и прекрасная полиграфия. Я заколебалась: смогу ли? Все-таки целый час прямого эфира, живое общение с собратьями по перу и слушателями.

— У тебя получится, — уверяла Лена, — только попробуй, я буду рядом, в случае чего помогу. Ты же не одна в студии, есть режиссер, не бойся!

Я человек легко увлекающийся, любящий пробовать все новое, поэтому согласилась.

— Все будет отлично, — щебетала Лена, — на первый эфир к тебе придет N, он просто златоуст. Ты только задай вопрос, а дальше лишь следи за временем, N будет говорить безостановочно. Ей-богу, работы никакой! Ну станешь изредка восклицать: «Да?», «Ну?», «Неужели?» — и весь эфир.

В назначенное время я устроилась у микрофона и почувствовала, как ноги холодеют, руки трясутся, а желудок сжимается и разжимается в такт сердцебиению. Гостя в студии еще не было, хотя его просили прибыть в двадцать сорок. Ровно в двадцать один час зазвучали новости. Я занервничала: где же N?

Режиссер, сидящая за большим окном, кивнула, в моих наушниках раздался ее ровный голос:

— Спокойствие, только спокойствие. Начинай после лайнера.

— Что? — не поняла я.

— Лайнер, — повторила режиссер, — сначала новости, потом зомбирование населения, следом лайнер, колокольчики, и ты вступаешь! Смотри на компьютер.

Вы поняли что-нибудь из сказанного? Я тоже нет, но уточнять уже было поздно. Глаза уставились на экран, где горела зеленая строка «Новости. 2.25». Счет на радио идет на секунды. В наушниках зазвучал мелодичный голос метеоролога: «К вечеру возможен небольшой дождь».

Зеленый цвет внезапно переполз вниз, высветилась другая строка: «Погода и здоровье. 2.12». Я услышала:

— Завтра наблюдается повышенная геомагнитная активность. Обострение болезней может случиться у сердечников, язвенников. У ряда категорий граждан повысится давление, лица, страдающие заболеванием щитовидной железы, ощутят дискомфорт...

Впрочем, за точность цитаты не ручаюсь, но суть сохранена: вас ждет такая погода, что вы обязательно заболеете, хорошо, если не умрете. Я хихикнула. Вот уж точно, зомбирование населения, люди и не обратили бы внимания на погоду, а теперь придется пить таблетки, им же всем пообещали ухудшение самочувствия. Мой вам совет, пропускайте мимо ушей эти глупости. Никакие сообщения о грядущих магнитных бурях и ураганах не должны выбивать вас из колеи.

В наушниках послышалось «блям, блям», затем

кто-то произнес: «Звездная гостиная с Дарьей Донцовой».

— Начинай, — велела режиссер.

Я кашлянула и, изо всех сил стараясь скрыть ужас, завела:

— Добрый вечер, дорогие радиослушатели...

— Кнопку нажми, — приказала режиссер.

Мой палец ткнул в красную пупочку, на стене вспыхнула лампочка, и я внезапно сообразила: тысячи людей сейчас услышат голос Дарьи Донцовой. Вот тут-то мне и стало невыносимо страшно. Да еще гостя нет!

Внезапно послышался тихий шорох, в соседнее кресло опустился мужчина лет сорока пяти. Я обрадовалась и затараторила:

— У нас гость в эфире, писатель N, он выпустил много книг, хотите задать вопрос, звоните по телефонам, а пока вы обдумываете, о чем спросить литератора, я побеседую с ним сама.

Уважаемый N, как вам кажется, книга играет большую роль в жизни общества?

После короткой паузы N буркнул:

— Д-д-да! — и замолчал.

Я слегка растерялась, Лена представила мне гостя как златоуста, человека редкой вербальной активности, который станет говорить безостановочно. Может, ему не по душе пришелся мой вопрос? Но радио не телевидение, тут никак нельзя молчать, эфир не терпит пустоты, поэтому я решила «ехать» дальше.

— Говорят, вы сейчас работаете над новым романом...

N пожевал губами и выдавил из себя:

— Д-д-да, — и снова заткнулся.

Чувствуя головокружение, я продолжала беседу:

— Роман о любви?

— Н-н-нет.

— Философская сага?

— Д-д-да, — выдавив из себя очередное словечко, писатель вытащил из кармана фляжку, сделал хороший глоток, и я поняла: N безнадежно пьян.

Положение казалось катастрофическим. Лена Кадушева, которая привела гостя в студию, не поняла, в каком состоянии тот находится. Очевидно, N слопал нечто типа «Антиполицай», потому что в воздухе не пахло алкоголем, да и сидит он вполне прямо, вот только говорить совсем не может!

Дальнейшее вспоминается как кошмар. Словно назло, слушатели принялись звонить в эфир и задавать вопросы. N буркал:

— Д-д-да. — Или: — Н-н-нет.

Я же, пытаясь исправить положение, заливалась соловьем, горько сожалея о том, что не надела на передачу памперсы, ей-богу, этот предмет очень бы мне пригодился! Но всему приходит конец, в двадцать два ноль две мои мучения кончились.

— Отлично, — сказала Лена и увела гостя.

Я налила себе воды и принялась со стоном пить.

— Кто бы мог подумать, что N заика! — воскликнула режиссер, выходя в холл.

Стакан чуть не выпал у меня из рук.

— Он просто пьян, как поросенок.

— Да ну! — удивилась режиссер. — А незаметно совсем.

С тех пор у меня в эфире побывала тьма народа, писатели, издатели, журналисты. Кое-кто изумительно говорил. Например, Александра Маринина, Борис Акунин, Вадим Сухачевский, Татьяна Набатникова. Другие были не столь уверены в себе, но с нетрезвыми гостями я, слава богу, более не сталкивалась.

Иногда у нас возникают смешные казусы, связанные со слушателями. Как-то раз я разыгрывала в эфире очередную книгу и задала вопрос, звучавший так:

— Это произведение принадлежит перу Василия Аксенова. Писатель рассказывает о некой фантастической ситуации. Якобы во время Гражданской войны одна часть территории страны осталась у белогвардейцев...

В общем, я почти в деталях рассказала про книгу «Остров Крым» и попросила:

— А теперь сообщите название романа.

Передача наша рассчитана на людей читающих, любящих литературу, поэтому я не сомневалась, что первый же дозвонившийся правильно ответит на вопрос.

Буквально через секунду в ушах раздался голос режиссера:

— Есть звонок, вывожу в эфир.

Мужской голос произнес:

— Даша, могу ответить.

— Пожалуйста, — разрешила я, уже собираясь отложить в сторону томик Василия Аксенова, он должен был отправиться к звонившему. Но, как оказалось, я поторопилась.

— «Республика ШКИД»! — выкрикнул слушатель.

Режиссер упала лбом на пульт и стала хохотать, я же, стараясь не рассмеяться, сказала:

— Увы, вы не правы. «Республику ШКИД» написал не Василий Аксенов, а писатели Леонид Пантелеев и Григорий Белых.

Иногда от людей, дозвонившихся в «Звездную гостиную», слышишь такое! Однажды в эфир вывели девочку семи лет, которая очень бойко и правильно ответила на вопрос викторины. Юная книголюбка меня умилила, поэтому, решив поболтать с крошкой в эфире, я спросила у нее:

— А какие книги ваши любимые?

Честно говоря, я ожидала услышать про сказки, но девчушка ангельским голоском сообщила:

— «Нана» Эмиля Золя и «Яма» Куприна.

Я не знала, как реагировать. Слов нет, и Золя, и Куприн великие писатели, но стоит ли первокласснице читать произведения, в которых подробно описана жизнь проституток.

Очень хорошо запомнился мальчик тринадцати лет, который, правильно ответив на вопрос, получил в награду книгу «В.И. Ленин. Правда и ложь».

Я озвучила это название и решила все же уточнить:

— Вы, конечно, знаете, кто такой Ульянов-Ленин?

— Да, — ответил мальчик.

Я довольно улыбнулась. Однако зря говорят, что нынешние школьники плохо осведомлены об истории России.

— Он был индеец, — неожиданно закончил паренек.

— Почему вы так решили? — оторопела я.

— А в учебнике написано: «Ленин сражался с белыми», — бесхитростно выпалил подросток.

К слову сказать, иногда казусы бывают и со взрослыми. Не так давно одна дама с пеной у рта убеждала меня, что роман «Петр Первый» написал... Лев Николаевич Толстой. В конце концов мне удалось внушить слушательнице, что бессмертное произведение о царе-реформаторе создал Алексей Николаевич Толстой.

— Значит, я не получу подарка? — возмущенно воскликнула дама.

— Нет, — осторожно сказала я.

— Почему? — настаивала слушательница.

— Мы высылаем книги только тем, кто правильно отвечает!

— Подумаешь, — обиделась женщина, — братьев перепутала!

Я отключила ее от эфира и пригорюнилась. Звонившей явно за сорок. Ну неужели она не знает, что великие писатели Лев Николаевич Толстой и Алексей Николаевич Толстой отнюдь не родные братья! Кстати, Алексей Константинович Толстой тоже не их родственник.

Впрочем, справедливости ради следует сказать, что иногда эрудиция слушателей вызывает искреннее восхищение. Помню, как одно издательство, прислав нам для розыгрыша книги, приложило и свои вопросы, я просмотрела их и пришла в ужас! Такие сложные, никто не угадает. Вот хотя бы этот, про рыбу, которая периодически вылезает из воды и прячется на берегу. Лично я впервые узнала о такой.

Не надеясь услышать правильный ответ, я озвучила вопрос и подумала, что завтра же позвоню в издательство и отругаю того, кто готовил викторину. Но первый же дозвонившийся в эфир человек радостно воскликнул:

— Илистый прыгун, — за что и получил красочную энциклопедию.

В другой раз, под Новый год, мы надумали сделать вопросы легче легкого, все-таки праздник, и я спросила у слушателей:

— А как звали трех поросят из сказки? Тех, что строили себе дома: один из веточек, другой из сена, третий из камней?

Я совершенно не сомневалась, что сейчас услышу: Ниф-Ниф, Наф-Наф и Нуф-Нуф. Но пожилая женщина на том конце провода сообщила:

— Пятачок!

— Всех троих? — не утерпела я.

— Да, Пятачки, — подтвердила слушательница.

Я включила следующего жаждущего дать правильный ответ и услышала мужской голос:

— Кажется, Иа-Иа!

Я рассердилась:

— Скорей уж Хрю-Хрю, вам не кажется, что нелогично давать свинье имя Иа-Иа?

Раздались гудки, на проводе была слушательница, очевидно, жующая сухари, потому что сначала я услышала хруст, чавканье, а затем хрипловатое меццо:

— Ну, типа, знаю, один Карабас, другой Барабас...

Режиссер рыдала от смеха, Лена Кадушева сидела, уткнувшись лицом в ладони, веселились почти все, находившиеся с той стороны стекла у пульта. Кисло было только мне, ну кто же мог подумать, что на такой суперлегкий вопрос придут такие невероятные ответы? Наконец в эфир дозвонилась молодая мамаша, недавно читавшая своему ребенку сию сказку, и я наконец-то услышала то, что хотела.

Сейчас я вполне освоилась в радиоэфире и не испытываю никаких сложностей у микрофона. Когда меня приглашают на разные передачи, например, на «Лаврадио», на «Шансон», «Европу-плюс», то, устраиваясь в кресле, я начинаю глазами искать студийные часы, чтобы, не дай бог, не просчитаться со временем. Потом вспоминаю, что на этом эфире я не хозяйка, а гостья, и мгновенно расслабляюсь, очень хорошо, пусть другой получает через наушники указания режиссера и думает о том, чтобы вовремя «вылететь» из эфира.

Теперь я знаю, как интересно делать радиопередачи, какой драйв испытывает ведущий от прямого эфира. Одна беда, дня недели под названием «среда» у меня теперь просто нет, он почти целиком отдан «Маяку».

Когда вышла в свет моя пятая книга, в квартире раздался телефонный звонок, и безукоризненно вежливый женский голос сообщил:

— Вас программа «Графоман» беспокоит. Можно приехать к вам в пятницу?

— Зачем? — растерялась я.

— Хотим снять небольшой сюжет.

Я испытала огромную радость. Вот оно как! Значит, я стала настолько популярной, что понадобилась людям из «ящика». Всем же хорошо известно: если человек появляется на телепередаче, он звезда.

В доме был объявлен аврал. Маня убирала квартиру, Зайка спешно перебирала мой гардероб, ни одна кофточка не пришлась ей по вкусу, поэтому я незамедлительно была отправлена в магазин за новой. Александр Иванович, красный от натуги, мыл собак, Аркашка невесть зачем чистил всем обувь, Дима понесся в магазин за пирожными...

В назначенный час я встретила съемочную бригаду, словно невеста сватов: квартира сияет, собаки и кошка благоухают шампунем, на столе праздничное угощенье, сама разодета, как на Пасху.

Мои домашние, кстати, ретировались из дома кто куда, оставив меня с телевизионщиками наедине.

Несколько мужчин втащили в комнаты аппаратуру, потом быстро задали мне пару вопросов, сложили лампы, шнуры, удлинители, софиты и унеслись. Чай пить они не стали. Пирожные домашние сами съели вечером.

Целый месяц потом я ждала своего появления на экране, наконец мне сообщили о дате показа сюжета. Естественно, я тут же позвонила Маше с Оксаной и велела:

— Девочки, включайте телики.

В урочный час вся семья умостилась у голубого экрана. Мы внимательно следили за передачей, и наконец появилось мое лицо. Ведущий задал какой-то вопрос, я ответила:

— Конечно.

Затем мелькнул кусок нашего коридора, толстый хвост Мули — и все. Домашние наперебой кинулись поздравлять меня. Александр Иванович вытащил ради такого случая бутылку коньяка, подъехали и подруги: Машка с Оксаной. Я же испытывала горькое разочарование. Во-первых, в телеэфире я пробыла ровно полторы секунды, а во-вторых... Неужели у меня такие толстые щеки, узкие глазки и кривой рот?

Кстати, «Графоман» потом сделал со мной большую передачу, но я совершенно не помню ее сути, зато первые съемки врезались в память.

С тех пор Дарью Донцову часто стали приглашать в «ящик», и я скоро поняла: телевидение очень коварная вещь. Для начала имейте в виду: экран прибавляет вам как минимум десять кило. Помню, как я удивилась, увидав впервые «живьем» Лену Ищееву и Елену Хангу, ведущих программы «Принцип домино». Передо мной стояли две тростиночки, тоненькие, невероятно стройные женщины. Мне как зрительнице они казались весьма упитанными, а в жизни были практически бестелесными. И еще — экран, словно лупа, выявляет ваши качества. Если человек дурак, то в телевизоре он станет выглядеть клиническим идиотом, если имеет злобный, завистливый характер, это проявится мгновенно. Отчего происходит данный эффект, не знаю, но он есть.

Огромное влияние на передачу оказывает личность ведущего. Те, кто ведет передачи, четко делятся на две категории. Одни стараются повысить свой личный рейтинг за счет гостя студии, выпендриваются как могут, постоянно подчеркивая: я, я, я главный. Другие, наоборот, уходят в тень, желая в полной мере представить гостя, раскрыть его перед зрителями со всех сторон. Именно так поступают уже упомянутые мною ведущие из «Домино», Андрей Малахов из «Большой стирки», так работала Юля Меньшова. Общаться с этими людьми было сплошным удовольствием, никаких растопыренных пальцев и «звездности», милые, интеллигентные люди, желающие сделать интересную передачу. С самыми добрыми чувствами вспоминаю я тех, кто снимал «Однокашники», «Без протокола», «Графоман», «История здоровья», «Пока все дома», «Двойной портрет». Но были и отрицательные эмоции.

Как-то раз меня пригласили на съемку передачи, которую ведет писатель, кстати, тоже автор «ЭКСМО».

— О чем предстоит разговаривать? — поинтересовалась я у редактора.

Девушка ответила:

— О литературе. Никакой желтизны или грязного белья. Наша программа исключительно о труде писателя.

Не ожидая от собрата по перу никаких подвохов и посчитав тему интересной, я явилась точно в указанное время. Через десять минут я поняла: это аутодафе Дарьи Донцовой и Полины Дашковой, сидевших в центре зала. Ведущий вел себя странно, если не сказать нагло. Едва Полина, человек очень интеллигентный, тонко чувствующий и ранимый, начинала отвечать на вопрос, он моментально перебивал ее. Нам с Дашковой противостоял зал, человек двадцать, состоящий из неудачливых литераторов, тех, кто днями просиживает брюки в буфете Дома литераторов, рассказывая о том, какие великие произведения они напишут, вот только книги их никак не рождаются на свет. Знаете, не следует долго трепаться о своих замыслах, надо просто сесть и написать. К тому же присутствующие в основном были мужчинами... Нам с Полиной мало не показалось. Сначала, правда, пару минут поговорили о судьбе литературы, но потом свора мужиков набросилась на нас, словно стая бродячих собак на сосиску. Очень быстро присутствующие стали выкрикивать злобные фразы, суть которых сводилась к простым мыслям: эти две женщины все время пишут, постоянно издаются, да еще получают деньги, бей их, ребята!

Мы, правда, вначале попытались отбиться. Я, решив погасить бушующий пожар, заявила:

— Но мы с Полиной ни у кого ничего не отняли. Кто мешает вам сдавать по рукописи в месяц?

Дальше сказать мне не дали, из зала полетели крики:

— Позор! Гнать таких из литературы! Мы голодаем, а они на иномарках разъезжают!

Ведущий, вместо того чтобы взять бразды правления в свои руки, молча наблюдал, как толпа злобных, нереализованных мужчин топчет ногами двух хрупких женщин, посмевших добиться успеха. В его глазах промелькнуло удовлетворение, и я вдруг поняла: он сам завидует нам с Полиной черной, жуткой завистью, ему трудно простить нам количество выпущенных книг, тиражи, гонорары. Сам он пишет медленно, но ведь издательство не может без конца выпускать одно и то же произведение. В химии есть такое понятие: насыщенный раствор. Это когда вы сыплете, сыплете, сыплете в воду соль, она в ней растворяется, растворяется, растворяется... Потом бац, все, вода перестает принимать вещество, оно выпадает в осадок, возникает насыщенный раствор. Так и с книгами, чтобы быть успешным писателем, надо выпускать минимум три новых произведения в год. Нельзя все время «сыпать в воду рынка» одно и то же название. Вот Валентин Петрович Катаев любил повторять, что главное для писателя — чугунная задница. Литератор пытается встать из-за стола, а «железный пьедестал» тянет его в кресло.

После передачи Полине вручили большую фотографию, сделанную во время эфира. Я глянула на снимок и ахнула. Ладно, к творчеству Дашковой можно относиться как угодно, не нравится — не читай, но даже самый ярый враг этой писательницы должен признать: Полина красавица. У нее совершенно роскошные волосы, огромные, бездонные глаза, тонкий нос, точеная фигура. Тут уж ничего не попишешь, можно сколько угодно говорить гадости о детективах Дашковой, но господь вкупе с родителями подарил ей неординарную, яркую внешность.

Так вот, на снимке, который вручили Полине, была запечатлена... слов нет, старуха Изергиль, Баба-яга, гоблин, кто угодно, но не красавица Дашкова. То ли фотограф впервые взял в руки камеру, то ли решил создать шарж, знаете, иногда при помощи оптики изменяют пропорции лица и превращают вас в урода. Кое-кто считает это забавным.

Полина взяла фото, в ее глазах появилась растерянность.

Я выбрала момент, подошла к коллеге по жанру и заявила:

— Немедленно выбросите ЭТО!

— Вы полагаете? — шепнула Дашкова.

Я кивнула:

— ЭТО похоже на вас, как лягушка на кактус.

Полина дотронулась до меня ледяной ладонью и тихо сказала:

— Спасибо, Даша.

Нет, все-таки у той передачи был замечательный положительный эффект. Мы с Полиной впервые встретились на этом эфире и подружились.

И еще, после той программы я поняла: да, в писательском мире существует зависть, только странное дело, литераторы «высшего эшелона» ей не подвержены.

Ни одного плохого слова не сказала о коллегах по жанру Татьяна Полякова. Во всех своих интервью она, светлый, радостный человек, никогда не критикует своих собратьев. Александра Маринина, Татьяна Устинова, Борис Акунин, Полина Дашкова... Я хорошо знаю этих людей, постоянно пишущих, вечно занятых, у них нет времени на тусовки и пустое ничегонеделание, они всегда приветливы друг с другом, и ни разу ни один из них не обидел меня, хотя мои детективы, положа руку на сердце, нельзя назвать классическими.

А как я боялась Татьяну Толстую! Не передать словами! Когда на Московской международной книжной выставке-ярмарке Игорь Вячеславович Сопиков сказал: «Пошли, познакомишься с Толстой», — я вцепилась в стену и затрясла головой.

— Нет!

— Почему? — опешил Сопиков.

— Она эстетка, тонкий знаток русского языка, сейчас будет надо мной смеяться.

— Что за дурь пришла тебе в голову? — удивился Игорь Вячеславович и впихнул меня в крохотную комнатушку, где пила чай создательница романов «Изюм» и «Кысь!».

Татьяна Толстая подняла на меня свои удивительные темно-карие глаза и глубоким голосом спросила:

— Даша, вы подпишете мне свою книгу? Знаете, в какие-то моменты даже я смеялась!

Мои ноги подкосились, я плюхнулась на стул и ляпнула:

— О господи, я вас до жути боялась!

Секунду Татьяна сидела молча, потом стала хохотать.

Еще больше я перепугалась, когда смотрела по телевизору интервью Василия Аксенова. Неожиданно ведущий спросил писателя:

— Ну а как вы относитесь ко всяким Донцовым?

Услыхав вопрос, я моментально вскочила и побежала в коридор. Сейчас Василий Аксенов, уважаемый всеми писатель, умный, ехидный человек, сделает из меня отбивную, лучше уж не стану слушать его ответ, а то еще заплачу!

Но дома у нас любят, когда телик орет почти на полную мощность, поэтому слова Василия Аксенова догнали меня в коридоре, не ручаюсь за точность, но сказал он примерно так:

— Донцова пишет психотерапевтическую литературу, многим людям она дарит хорошее настроение и уверенность в себе. Я уважаю эту на редкость трудолюбивую женщину.

Слезы все-таки полились у меня из глаз, но от радости.

Меня часто спрашивают, интересно ли на тусовках. Не знаю, я там не бываю. Честно говоря, мероприятия, на которых я *обязана* быть, навевают скуку. После официальной части все несутся к столу, кладут еду на тарелки и принимаются самозабвенно сплетничать. Ровно через пять минут меня начинает разбирать тоска, а в голове вертится одна простая мысль: уже целый час тут толкусь, за это время можно было бы две страницы написать!

Времени мне жаль, да и не хватает его катастрофически. Я встаю в шесть утра и до трех часов дня работаю, пишу свои двадцать страниц, потом спешно одеваюсь и бегу по делам, коих не счесть: радио, телевидение, журналисты, издательство. А еще есть книжные магазины, где читатели ждут автографов.

При этом никто не снимал с меня обязанностей жены, матери и бабушки. Частенько мне приходится ездить за продуктами после полуночи, а потом готовить своим еду. Да еще собаки, которых следует выгуливать и непременно накормить, так что мой день расписан по минутам, времени на бесцельное стояние с тарелкой среди тех, кто не мыслит себя без тусовки, у меня попросту нет. За последний год я пришла всего на три светских мероприятия, и то потому, что это были презентации книг дорогих моему сердцу людей. Если в моем графике образуется окошко, я лучше проведу эти редкие минуты с дочкой, внуком или сяду вязать своим мопсам зимние кофточки. Я очень люблю вязать и в дописательской жизни обвязывала всех детей и знакомых.

Кстати, о мопсах. Думаю, многим хочется узнать, как в нашем доме появились Муля и Ада.

Зимой 1999 года мы с Маней забежали на минутку в гости к одной моей знакомой, Любе Фалк. Любаша любит животных, у нее постоянно живут кошки, собаки, кроме того, у Любы трое детей, один совсем маленький, и все это детско-собачье-кошачье стадо копошится в крохотной двухкомнатной квартирке, вылизанной до блеска домовитой Любаней. Поэтому, нажав на звонок, я очень хорошо представляла, какая картина откроется перед глазами.

Но меня ожидала неожиданность: не успела Люба распахнуть дверь, как из-за нее выскочило нечто светло-бежевое и запрыгало на коротких лапах.

— Это кто? — удивилась я, во все глаза глядя на неизвестное существо, то ли собачку, то ли обезьянку.

— Мопс, — пояснила Люба, — Хуч.

Маня, завизжав от восторга, попыталась обнять щенка, но тот не давался в руки. Девочка села на пол, а Хуч стал нарезать вокруг нее круги, прыгая и пофыркивая. Создавалось полное ощущение, что в него вставлена вечная батарейка. Я не удержалась, шлепнулась на ковер около Мани, и мопсенок принялся облизывать нас, не забывая при этом прыгать, вертеть хвостом, повизгивать, сопеть, хрюкать...

Мы вернулись домой совершенно очарованные Хучем, и Маша немедленно объявила отцу:

— Хочу мопса.

Александр Иванович пришел в ужас, но категорично отказать ребенку не смог, поэтому произнес загадочную фразу:

— Ну... мопс, однако, это мопс!

Машуня сочла данное заявление за согласие и ускакала в свою комнату. Муж повернулся ко мне.

— Объясни ребенку, что мопса покупать нельзя.

— Какой хитрый, — рассердилась я, — сам и скажи ей об этом! Кстати, я тоже хочу мопса!

Супруг попытался вернуть меня с небес на землю.

— Но у нас есть пудель, кошка, жаба, хомяки и очередные котята!

— Хочу мопса, — капризно ныла я, — давай купим, такой прикольный.

Александр Иванович вздохнул и выдвинул новый аргумент:

— Еще у нас бабушки! Какие тут мопсы!

Я пригорюнилась. Действительно, бабушки. Но как сказать Маше, что мопса не будет?

С духом я собиралась неделю. В воскресенье утром встала полная решимости объявить дочери: «Никаких мопсов! Хватит с нас всех остальных».

Но Машкина кровать оказалась пустой. Девочка почему-то поднялась в выходной день ни свет ни заря и удрала из дома.

Назад Маня вернулась уже после обеда. Я хотела было спросить: «Где же ты носилась?»

Но тут она заговорщицки подмигнула мне и пошла в гостиную.

— Папочка, смотри! — донесся из комнаты ее звонкий голос.

— Бог мой! — воскликнул муж.

Я побежала к ним и ахнула. На полу сидело нечто, крохотное-крохотное, размером со спичечный коробок.

— Это кто? — пробормотала я.

— Мопс, — гордо ответила Маня, — вернее, мопсиха Миледи бель Диамант Грей. Я ее купила.

— Деньги где взяла? — вопросил Александр Иванович.

— А мне Аркашка на Восьмое марта сто долларов подарил, — радостно воскликнула Маня, — взяла газету «Из рук в руки», нашла объявление, поехала! Далеко, правда, в Южное Бутово.

Я постаралась скрыть негодование. Ну, Аркадий, погоди! Вечно потакает Машке и покупает все, на что падает взгляд сестры. Один раз они ушли гулять и вернулись назад с огромной плюшевой игрушкой. Понка, так звали эту героиню диснеевского мультика. Затем Кеша приволок здоровенного фиолетового слона, а когда в Москву только начали поступать всяческие «Сникерсы» и «Баунти», он приобрел для сестрицы картонный ящик, набитый лакомством под названием «Фрутелла». Машка лопала эти конфеты полгода, и они никак не заканчивались. Апофеозом же был притащенный старшим братом мотоцикл маленького размера, работающий от аккумулятора. Маруська залезала в седло, газовала, «конь» летел вперед, Кеша бежал сзади... А теперь еще и мопс.

Очевидно, Маняша поняла, какие мысли бродят у матери в голове, потому что она мгновенно заявила:

— Аркашка про мопса не знает, он просто сказал: «Купи себе подарок сама».

В этот момент крохотный щеночек встал и на шатающихся лапках побрел по длиннющему коридору. Маня побежала за ним. Александр Иванович повернул ко мне бледное лицо.

— Это эмбрион, ему всего три недели. Мерзкая хозяйка всучила ребенку нежизнеспособное существо. Господи, что делать? Оно не выживет.

Но Миледи бель Диамант Грей оказалась очень живучей. Впрочем, домочадцы собачку стали звать Мулей, потом Мульяной, Мульдозером, Мульчетай. Щенок охотно отзывался на любое имя. Ел он не переставая, особо не кривляясь: суп, каша, овощи, фрукты, йогурты, творог — все исчезало в Мульянином животе и шло ей на пользу.

Машка стала для Мули настоящей матерью. Где-то в девять вечера щеночек укладывался спать на свой матрасик, мы прикрывали его с головой одеялом и уходили. Около трех утра Мульяна просыпалась, начинала плакать, скулить. Маша брала ее к себе в кровать, утешала... Скоро Муля поселилась у дочери в постели, спала она только на Мане, забиваясь той между шеей и ключицей. Вначале, когда щеночек весил двести граммов, дочь не протестовала, но потом, когда Мульянин вес зашкалил за пару килограммов, Маша стала спихивать «доченьку», но та упорно пыталась занять любимую позицию. Сколько раз девочка просыпалась ночью с ощущением, что ее завалило землей, и находила на своей груди нагло храпящую Мулю.

Заведя щенка, я предполагала, что столкнусь с бытовыми трудностями: лужи на паркете, прогулки, готовка особой еды... Но совершенно не сомневалась в том, что Черри с Клеопатрой примут нового члена стаи с любовью. Пуделиха наша обожает котят, воспитала шеренги кошкиных детей, а Клеопатра отличная мать, вот сейчас они начнут облизывать и греть Мулечку.

Ан нет, и пуделиха, и кошка полностью проигнорировали щенка. Я подносила к ним Мулечку и сюсюкала:

— Девочки, смотрите, какая маленькая.

Но Черри с Клепой сначала отворачивались, а потом уходили, щенок их совершенно не интересовал, более того, раздражал. Наткнувшись на мокрое пятно, Клеопатра принималась гневно ругаться, а Черри моментально прудила свою лужу, словно говоря:

— Тут главная я.

Когда Мульяна слегка подросла и попыталась поиграть с пуделихой, последняя сердито зарычала. Я испугалась, до сих пор все животные жили дружно. Перелом произошел, когда Муле исполнилось три месяца.

Однажды вечером я услышала странное сопение и, высунувшись в коридор, увидела дивную картину. Пузатая Мулечка лежит на спине, подняв вверх все лапы, а Клеопатра старательно вылизывает ее, как котенка. Черри, во всем слушавшаяся кошку, перестала злиться на щенка, и у нас воцарились мир и покой.

Месяца через два с половиной после покупки Мули мне позвонила мама и сказала:

— Можешь срочно прийти?

Мне очень не хотелось выходить на улицу, потому я спросила:

— Надеюсь, ничего не случилось ужасного?

— Иди скорее, — настаивала Тамара.

Пришлось одеваться и вытаскивать косметику. С тех пор как телевидение стало часто показывать писательницу Дарью Донцову, я не могу позволить показаться на улице со всклокоченной головой и ненакрашенным лицом. Один раз, впрочем, я выскочила за хлебом, так сказать, в натуральном виде и была остановлена женщиной, воскликнувшей:

— А вы похожи на мою любимую писательницу!

— Это я и есть.

— Да ну, — протянула тетка, — а что у тебя с физиономией, жуткая какая!

Я молча схватила батон и ушла, сделав вывод: времена, когда можно было росомахой гонять по улицам, прошли без возврата, теперь только в макияже.

Приведя себя в порядок, я доползла до мамы и увидела у нее на лице загадочное выражение.

— Что случилось? — пробормотала я.

— Смотри. — Жестом фокусника Тамара распахнула дверь, и из большой комнаты выскочило маленькое юркое существо с огромными карими глазами. Еще одна мопсиха!

— Это Аделаида фон Бурбон делла Квадро, — гордо заявила Тамара.

Я, потеряв дар речи, глядела на собачку. Господи, мама к старости просто превратилась в ребенка! Увидела нашу Мулю, пришла в восторг и приобрела Аду. У вас бы повернулся язык сказать пожилой женщине: «Тома, тебе уже стукнуло восемьдесят, какие мопсы?»

Вот и я промолчала. Впрочем, моя мама, дай бог ей здоровья, ощущает себя молодой женщиной. Когда она сломала шейку бедра и заполучила титановый сустав, врач, милейший Александр Юльевич Ваза, решив подбодрить ее, сказал:

— Титан — исключительный материал! Он прослужит двадцать пять лет без всяких проблем!

Учитывая тот факт, что маме на момент разговора стукнуло восемьдесят, ход мыслей доктора понятен. Хирурги, они такие, слегка практичные.

Мама вытаращила глаза и с гневом заявила:

— Какое безобразие! Нет, ужасная гадость этот ваш титановый сустав!

— Но почему? — изумился Ваза. — Он надежный...

— Ничего себе, — перебила хирурга мать, — прослужит всего двадцать пять лет! Мне придется его по истечении срока менять!

Несмотря на солидный возраст, моя мама сохранила абсолютную детскость души, отсюда и Аделаида фон Бурбон.

Естественно, мы начали звать ее Ада, Адюша, Дюша, Адидас, Адельфан, Дюшес... Кличек тьма, и на все она отзывается.

С самого детства Дюсю преследовали несчастья. Едва оказавшись у мамы дома, она села попой на осу. И мы провели бессонную ночь, пытаясь понять, отчего щенок бьется в истерике. Потом у нее на животе выросла какая-то шишка, и нам пришлось нестись в ветеринарную лечебницу на Каширском шоссе и делать там операцию, не успел отойти наркоз, как у Ады начался сначала отит, потом бронхит, следом понос...

Мама баловала Адюсю нещадно, и очень скоро мопсиха, почувствовав свою власть над хозяйкой, превратилась в истеричную капризницу, изводившую Тамару. Творог она ела лишь рыночный, мясо парное, сыр швейцарский... Мама стояла перед Дюшкой на коленях, протягивая той кусочки, но мопсиха воротила нос, требуя деликатесов. Впрочем, приходя к нам, она не брезговала гречневой кашей из Мулиной миски, зато дома оттягивалась по полной программе.

Но тут случилось несчастье, мама сломала ногу, и Ада переехала к нам.

Кстати, не так давно одна из моих фанаток, завистливо вздохнув, сказала:

— Эх, повезло же Зайке, невесткой самой Дарьи Донцовой стала!

Я должна вам сказать, что, когда Наташа и Аркадий стали жить вместе, никто и предположить не мог, что мои детективы будут настолько популярны. И еще, когда моя мама оказалась дома после операции на бедре, я, работающая женщина, хотела нанять сиделку, но Наташка не дала мне этого сделать. Она просто переселилась к Тамаре и стала ухаживать за полузнакомой пожилой женщиной, предоставив мне тем самым возможность писать книги. Кстати, тогда она еще не была моей официальной невесткой, ее брак с Кешей оформился позже. Так-то вот, чтобы иметь в родственниках маршала, надо выйти замуж за солдата. Натуля мой лучший друг, человек, на которого я могу положиться всегда! Она не предаст, не бросит в беде, не оставит меня, если вдруг из писательницы я снова превращусь в репетитора. Натуська любит меня, а не мой успех. Но это так, к слову.

Зайке было тяжело справляться и с мамой, и с Адой, поэтому мопсиха оказалась у нас вроде как временно.

В первый вечер я поставила на пол три миски, в них лежал рис с мясом. Муля и Черри кинулись трапезничать. Адюша, брезгливо понюхав угощенье, отвернулась. На ее морде ясно читалось:

«Ну и дрянь, однако, я у Тамары и сливочки не пью».

Мульяна, мигом схомячив свою пайку, подскочила к порции благоприобретенной сестры и разом проглотила весь рис.

Наутро была гречка с кусочком сыра. Ситуация повторилась. Ада сидела с самым капризным выражением на лице, Муля, еле живая от привалившего счастья, лопала вторую порцию.

Где-то в полдень Адюша подошла ко мне и стала нервно тявкать, ей явно хотелось перекусить. Но я развела руками и сказала:

— Знаешь, Дюшон, в большой стае клювом щелкать нельзя, еда у нас появляется два раза в день.

Вечером собаки получили гречку с молоком. Ада сидела у своей миски с самым разнесчастным видом, Мулечка, быстро сообразив, какая у нее теперь радость, мигом проглотила ужин и понеслась к Адюшиной порции. Вдруг Ада зарычала, подняла шерсть на спине вверх и принялась пожирать гречку. Она явно поняла: тут никто ее упрашивать не станет, а если зазеваешься, то останешься голодной. С тех пор у нас нет никаких проблем. После прогулки, Дюша, сшибая по дороге мебель, несется по коридору в кухню. Она всегда выигрывает гонку, хотя давным-давно стала толще Мулечки. Оказавшись на «пищеблоке», Ада принимается прыгать и ругаться, всем своим видом говоря:

— Дайте мне миску первой, мне, мне, мне.

Мы кормим наших собак нормальной едой: кашей, мясом, творогом. Еще они с удовольствием едят все молочные продукты, естественно обезжиренные, любые овощи и фрукты. Иногда мы балуем их сладким, покупаем специальные собачьи конфеты или даем крекер. Правда, однажды попытались перевести собак на сухие корма. Слов нет, это очень удобно для хозяев. Открыли пакет, вытряхнули сухие катышки в миски, и все дела. Но наши девочки наотрез отказались от коричневых комочков. Тогда я решила купить им собачьи консервы и торжественно приволокла домой банку «Чаппи». Аркадий вскрыл ее, чихнул, потом пробормотал:

— Лично меня совершенно не тянет пробовать этот деликатес, и запашок у него, того, сногсшибательный. Почему собаки должны с радостью глотать то, от чего воротит людей?

Я уставилась на Кешу. Иногда он может такое сказать, что потом начинаешь по-иному смотреть на проблему. Как-то в детстве, измученный моим бесконечным нытьем на тему «надо хорошо кушать», сын воскликнул:

— Мама, скажи, почему Снапик ест, когда он захочет, а я тогда, когда надо?

С тех пор я перестала насильно впихивать в мальчика еду. Он ведь прав, есть следует, только когда ощущаешь голод, а не потому, что пришел час обеда.

— И еще, — бормотал Кеша, роясь ложкой в банке «Чаппи», — кто определяет, что корм для собак стал намного вкусней? Какая Жучка сообщила создателям сей жратвы о своих пристрастиях?

Я рассмеялась, но все равно вытряхнула содержимое банки в миску, пусть разок попробуют.

Через час я глубоко пожалела о содеянном, у наших девочек началась сначала рвота, потом понос. Целых две недели мы приводили нежные собачьи желудки в порядок и зареклись с тех пор пользоваться готовой едой.

Кашу для собак я варю, как для людей. Сначала тщательно мою мясо, готовлю бульон, затем засыпаю аккуратно перебранную гречку, рис, пшенку.

Случаются у нас и смешные казусы. Как-то раз Ада встретила меня на пороге жалобным плачем. Я испугалась, что собака опять заболела, но она привела меня на кухню, села у плиты и завыла в голос. Я увидела, что на конфорке стоит абсолютно пустая кастрюля, в которой мы держим собачью еду, и очень удивилась. Утром сделала псам рис с курицей на три дня, и где он?

Тут вошел Александр Иванович и сказал:

— У меня аспиранты сидят, завари нам чайку, пожалуйста!

— Может, поужинаете сначала? — предложила я.

— Мы уже перекусили, — ответил супруг.

— Что же вы ели?

— Да на плите рис с курицей стоял, очень вкусный, — ответил муж.

Я перевела взгляд на рыдающую от горя Адюшу. Наши собаки великолепно знают свою кастрюлю. Представляю, какие чувства испытала прожорливая Дюся, увидав, как хозяин открывает ИХ кастрюлю, кладет еду на тарелки и уносит. Удивительно, что она не заболела от расстройства.

Как-то раз ворвалась Зайка, волоча за собой Никитку. У меня в гостиной сидела корреспондентка из одной газеты, имеющей ярко-желтый окрас.

— Есть у нас ужин? — затараторила Зая. — Эй, Никитос, садись, кушать будем.

— Вот беда, — растерянно ответила я, — ничего не приготовила.

— Совсем ничего нет? — деловито осведомилась Зайка.

— Ага, — кивнула я, — пусто.

— А собачкино?

— В кастрюле, — сообщила я, — гречка с курицей.

— Вот и классненько, — заверещала Зайка, — Никитос собачкиного поест. Давайте, Муля, Ада и Черри, делитесь с Кукисом!

Корреспондентка вытаращила глаза и быстро-быстро застрочила в блокноте. Никитка с аппетитом принялся наворачивать собачью кашу. Я тяжело вздохнула, заголовок вроде «Донцова кормит мопсов и внука из одной миски» мне просто обеспечен.

Когда в дом начали приходить корреспонденты, я, чтобы люди могли спокойно снять пальто в прихожей, стала давать собакам ванильную соломку или сухарики. Очень скоро они поняли: если на пороге стоит незнакомая фигура, можно требовать лакомства.

Однажды к нам пришла корреспондентка из журнала «Семь дней». Зная, что в доме три собаки, девушка принесла с собой удивительный деликатес: копченые свиные ушки. Ни Муля, ни Ада, ни Черри никогда не пробовали подобного. Взяв подарки, стая разбрелась по квартире. Наши собаки обычно едят на кухне, но, получив лакомство, пытаются устроиться со всеми удобствами. Адюся ляжет на полу в гостиной, а Мульяна залезет на диван. При этом она, если не сумеет доесть угощение, спрячет остаток в подушки. Один раз к нам приехал очередной родственник, я хотела постелить ему на диване, дернула подушки, и оттуда дождем посыпались Мульянины захоронки.

Получив копченые ушки, Муля и Черри спокойно принялись их грызть, а вот с Адой приключилась истерика. Сначала она тщательно спрятала в плед то, что досталось ей, потом отняла вкуснятину у Черри, выхватила лакомство у Мули, сгребла под себя все отбитое в бою, легла сверху и принялась рычать. Адюше настолько понравились ушки, что она решила поступить с ними по справедливости: слопать все самой. Естественно, Муля с Черри возмутились, и у нас случилось взятие города Гудермеса в гостиной.

С тех пор, вручая собакам вожделенные свиные уши, я развожу членов стаи по разным комнатам и выпускаю их лишь тогда, когда понимаю, что угощенье всеми слопано без остатка.

Мои собаки, несмотря на то что живут вместе, очень разные. Мулечка полная пофигистка, больше всего любящая поесть и поспать. Весь день она проводит в подушках и, если бы не заводная Ада, постоянно призывающая сестрицу поиграть, никогда бы не пошевелилась. Мульяна совершенно спокойно вспрыгивает на стул и обозревает стол. Она способна часами сидеть, разглядывая конфеты в вазочке и печенье в коробочке, но никогда, как бы ей ни хотелось получить еду, Муля не опустится до воровства. Зато она с огромным удовольствием пописает на коврик в ванной и удалится с самым невинным видом. Она практически не болеет, никогда не нервничает, не боится людей и очень приветлива со всеми. Прививок, которые ей раз в год делает ветеринар, Мульяна просто не замечает, зубы чистит с явным удовольствием. Ей нравится вкус детской зубной пасты. Еще она обожает купаться в теплой воде, плавает в ванне с самым счастливым видом. Муля молчунья, она не фыркает, не сопит, только слегка похрапывает во сне. Без повода Мульдозер не лает, по-моему, ей просто лень.

Ада совершенно другая. Весь день она носится по квартире, издавая громкие звуки. Она умеет разговаривать. Если в миске оказывается особо вкусная еда, Адося ест и бормочет:

— Ням, ням, ням.

Иногда я специально угощаю ее при гостях, чтобы те услышали «песню». Ада плохо прыгает, но уж если ухитрится залезть на стол, то все — слопает даже посуду. Лужи у Дюси получаются случайно, в основном от переживаний.

Когда к нам приходит в гости Дениска, младший сын Оксаны, я всегда кричу:

— Дюшу гладь на лестнице.

Адидас обожает Дениса до безумия. Стоит парню поднести руку к ее туловищу, как на морде Адельфана возникает самое счастливое выражение, а из-под попы начинает вытекать лужа. Я даже завидую Дюше, потому что сама никого не любила до такой степени, чтобы писаться от восторга. Адюшу до сих пор преследуют несчастья. Если кто читал книгу «Полет над гнездом Индюшки», то это про Аду, это она весело провела лето на даче, а потом попала под три операции. Шов не зарастал у Ады почти год, мы истратили целое состояние на стерильные хирургические попонки, уколы, мази, таблетки. Наша ветеринар Лена прозвала Дюшу «собака-катастрофа». У нее возникает аллергия на прививку, появляется кашель, насморк. Как-то раз, придя домой, я нашла Аду в полуобморочном состоянии: рот раскрыт, из него несется хрип... Слава богу, Лена живет в соседнем доме. Схватив «тревожный чемоданчик», ветеринар прибежала к нам и озабоченно сообщила:

— Похоже на инородное тело в горле, срочно на рентген.

Я пришла в ужас, днем к нам заглянул Никитка и играл с ружьем, которое стреляет пластмассовыми шариками, наверное, один из них остался на полу, Дюся приняла его за конфетку и проглотила. Она вообще сначала глотает предмет, а потом думает, съедобный тот или нет.

В ветеринарной клинике Дюське сделали рентген, и мы узнали правду. Ничего у нее в горле нет, просто Адидас что-то слопала в огромном количестве, ее желудок раздулся, словно воздушный шар, поднял легкие, и мопсиха натурально стала задыхаться от обжорства.

Дома, осмотревшись, я обнаружила на столе вылизанную коробочку из-под восхитительно жирного печенья курабье и сделала вывод: уходишь из квартиры, убирай все со стола.

Пару дней назад я заметила, что Ада сидит, зажмурив один глаз. Лена, услыхав в трубке мой голос, безнадежно спросила:

— Что с Адельфаном?

В доме три собаки, но Лена великолепно знает, что все несчастья случаются лишь с Адюсей.

— Она похожа на Кутузова, — сообщила я.

Лена прибежала, обнаружила на третьем веке конъюнктивит и выписала капли, я пошла в аптеку, где провизорша мигом поинтересовалась:

— Ой, а что с Адочкой? Вот, передайте ей от нас гематоген в подарок.

Старуха Черри не имеет и восьмой части тех болячек, что получила несчастная Дюся. Но, несмотря на болезненность, Адюша не теряет веселого нрава, желания постоянно играть, редкостной сварливости и аппетита.

Никогда не забуду, как мы привезли ее после первой операции, всю в бинтах, еще не отошедшую от наркоза, и положили на пол, на байковое одеяльце. На диване прооперированную устраивать нельзя, еще скатится во сне, ушибется. С нами прибыл и хирург, резавший Аду.

Я стала греть собакам ужин, загремела мисками.

— Вы только на двоих приготовьте, — посоветовал врач, — Ада в наркозе, да и потом, всем собакам сутки есть не хочется после такого.

Едва он замолчал, как из коридора послышалось гневное тявканье и в кухню вползла Ада. Она ловко перебирала передними лапами, задние пока не слушались хозяйку и просто волочились по полу. Дюша плюхнулась посередине кухни и разразилась громкой тирадой:

— Гав, гав, тяв, ррр-гав!

Ветеринар опешил и, разглядывая перебинтованную собаку, спросил:

— Что она хочет сказать?

Я вынула третью миску, положила туда кашу и ответила:

— Перевожу дословно: «Эй, хозяйка, с ума сошла, где моя порция? Если меня час назад прооперировали, это не причина, чтобы лишаться калорийного ужина».

О своих собаках я могу писать бесконечно, они одни из главных героев моих книг, и, если кто-то, прочитав иронические детективы, понял, что наши меньшие братья замечательны, буду просто счастлива. Кое-кто говорит, что кошки и собаки грязны, у них блохи, глисты. Дорогие мои, если вы сами не станете мыться, то и у вас заведутся вши. А еще люди болеют неприятными болячками, которые передаются воздушно-капельным путем, маленькие дети же просто разносчики инфекции: корь, ветрянка, скарлатина, коклюш... Но мы ведь не перестаем их из-за этого любить.

Заводя домашнее животное: кошку, собаку, хомяка, жабу, змею, птичку, надо очень хорошо понимать: в вашем доме появился ребенок, за которого вы несете ответственность. Вам придется мыть его, делать прививки, нормально кормить, давать витамины, любить, гладить, играть с ним. Ни в коем случае нельзя превращать собаку в помойное ведро, сваливая ей в миску то, что не доели люди, или просроченные продукты.

Едва на улице потеплеет, сразу купите капли от блох или специальный ошейник. Если собака или кошка ходят грязными, если у рыбок протухла вода в аквариуме, а у хомяка в клетке настоящий свинарник, то виноват хозяин, и нечего ругать животных. Впрочем, кое у кого дома бардак почище, чем в хлеву у свинок, и не собака причина безобразия, разве она швырнула колготки на стол?

Очень трудно описывать свою жизнь, потому что понимаешь: не обо всем можешь рассказать.

В конце книги мне хотелось бы вспомнить два эпизода, произошедшие совсем недавно.

Пару месяцев назад я подписывала книги в одном из магазинов Москвы. Честно говоря, я очень устаю после таких мероприятий. Перед глазами проходят сотни людей, не все из них настроены благожелательно, кое из кого бьет агрессия, поэтому чаще всего после встреч я без сил валюсь в машину.

В тот раз все шло по накатанным рельсам. Справа от меня, чуть поодаль встал незнакомый мужчина и начал наблюдать за процессом раздачи автографов. Когда очередь иссякла, он подошел, улыбнулся и сказал:

— Привет!

— Привет, — осторожно ответила я.

Иногда в толпе попадаются больные люди. Один раз меня чуть не избил дядечка, которого бросила жена. Он отчего-то посчитал, что в их разводе виновата я, и явился надавать гадкой писательнице оплеух.

— Не узнаешь? — поинтересовался посетитель.

— Простите, нет.

— Евдокимов, — представился незнакомец, — мы с тобой вместе в реанимации лежали, анекдоты травили!

Я ахнула:

— Евдокимов! Вы живы!

— А че мне сделается, — пожал он плечами, — говорил тебе, рак смеха боится!

— Но вы же старик, в реанимации выглядели на все девяносто, а сейчас вам от силы пятьдесят дать можно! — вырвалось у меня.

Евдокимов захохотал.

— Точно, мне полтинник. Впрочем, тебя я тоже за старуху в больнице принял. Выглядела ты волшебно, бабуська лет ста. Я еще подумал, во старушонка юморная попалась. Реанимация никого не красит. Я ведь специально пришел, когда сообразил, что Дарья Донцова — это ты. Жена твои книги читает, прямо фанатеет. Так вот, приехал сообщить, все будет хорошо, нас так просто не убить!

Пару секунд мы смотрели друг на друга, потом бросились обниматься.

Именно после этой встречи я стала подумывать

о написании автобиографии. Мне захотелось сказать:

— Дорогие мои, любимые, все, кому поставлен онкологический диагноз, помните: нас так просто не убить! Рак боится смеха и того, кто презирает болезнь!

Потом случилась еще одна замечательная встреча. Я ехала летом в метро, путь лежал до станции «Киевская». Толпа вынесла меня из вагона, и тут, как на грех, у пакета, в котором лежали всякие мелочи, лопнули ручки. Чертыхаясь, я нашла скамейку, поставила на нее мешок, хотела вытащить из сумки новый пакет и услышала:

— Груня!

Читатели и фанаты зовут меня только Дашей, следовательно, очень пожилой мужчина, сидевший на лавочке, был кем-то из старых знакомых.

— Ты теперь известная писательница, — с легким укором сказал он, — каждый день то по телевидению выступаешь, то по радио, то в газетах... Тиражи огромные, почитателей много, небось и гонорары соответственные... Тебе хорошо платят?

— Не жалуюсь, — осторожно ответила я.

— Что же меня забыла? — сердито начал выговаривать старик. — Не позвонила, не спросила: «Дядя Михаил, может, помочь тебе чем?»

И тут я поняла, кто сидит передо мной. Тот самый человек, друг отца, всесильный главный редактор толстого журнала, в свое время спокойно заявивший нищей дочери покойного Аркадия Николаевича:

— В моем издании места нет.

Тот человек, после встречи с которым я поняла, что в жизни не следует ни у кого ничего просить, нельзя ничего бояться и не надо никому верить.

Я молча смотрела на плохо одетого старика, упрекавшего меня в невнимательности. Честно говоря, разговаривать с ним не хотелось, уйти показалось неудобно. Наконец, отругав меня по полной программе, Михаил сел в поезд. Состав, грохоча колесами, исчез в тоннеле.

И тут только до меня дошло: станция «Киевская». Именно здесь я много лет назад, устав от полного безденежья, хотела покончить с собой. Однако странная штука жизнь. Сейчас я стою на этой платформе успешной писательницей, абсолютно счастливой женщиной. Аркашка уже взрослый, я все-таки сумела вырастить мальчика.

Постояв еще пару минут на станции, я поехала совсем в другом направлении, чем собиралась. Вышла на «Спортивной», купила у метро на лотке все свои книги в твердом переплете, дошла до Новодевичьего кладбища, с центральной аллеи свернула за памятник Н.С. Хрущеву, увидела могилу своего папы, положила книги стопкой на черный мрамор цоколя и сказала:

— Здравствуй, папочка, прости, что не привезла тебе раньше эти детективы. Читай на здоровье. Видишь, я не погибла, выстояла, добилась успеха, жизнь повернула ко мне радостное лицо.

К чему я вспомнила эти эпизоды? Почему вообще решила написать биографию? Что хотела сказать вам?

Дорогие мои, любимые! Жизнь, она разная, полосатая, простите за банальность. Горе, настоящее горе, слава богу, случается с нами не так часто. Все остальное просто неприятности: отсутствие денег, ребенок-двоечник, муж-алкоголик, супруг, убежавший к другой, маленькая квартирка, сердитая свекровь, ворчливая мама, предавшая подруга, отсутствие красивой одежды, давка в метро, съемная дача... Мы никогда не сумеем изменить других людей, не стоит даже и начинать. Но мы можем измениться сами. Пожалуйста, не расстраивайтесь по пустякам, не плачьте в подушку. Жизнь одна, другой не будет. Нельзя прожить эту как черновик, ожидая, что впереди будет еще одна. Не стоит ждать счастья, надо просто стать счастливой.

Посмотрите на все с юмором. Ребенок — двоечник? И что? Между прочим, массу людей выперли из школы за неуспеваемость. Не в пятерках счастье. Подруга увела мужа? Так ей и надо, еще неизвестно, кому повезло больше — вам или ей. Вы больны? Попробуйте не думать о недуге, не жалейте себя, сползите с кровати, попытайтесь найти себе занятие. Живете одна и очень тоскуете? Заведите кошку, собаку, белую мышку. Ушли на пенсию и чувствуете себя ненужной? Сейчас в школах очень не хватает добрых женщин, способных вести группу продленного дня. Зарплата крохотная, зато ощущение ненужности пройдет. У вас умер любимый человек? Теперь живите так, чтобы он, глядя на вас с небес, не корчился от стыда. Вокруг очень много тех, кому нужна ваша помощь. Попробуйте сказать себе:

— Все неприятное, что со мной сейчас происходит, — это временно. Несчастья отступят. Я буду счастлива назло обстоятельствам.

Не убивайтесь из-за бытовых проблем, не впадайте в отчаяние по любому поводу. Даже если вам кажется, что жизнь кончена, — это не так, из каждого безвыходного положения обязательно находятся два выхода. Я имею право вам это говорить, потому что сама однажды стояла на платформе станции «Киевская», со страхом вглядываясь в тоннель. Но прошли годы, и мне повезло. Повезет и вам, обязательно, я это знаю, я этого очень хочу. Все у вас будет хорошо, не верьте тем, кто говорит иначе. Все будет хорошо. Я всегда буду с вами, я очень люблю вас.

Ваша

Донцова Дарья Аркадьевна

ЗАПИСКИ БЕЗУМНОЙ ОПТИМИСТКИ

АВТОБИОГРАФИЯ

Ответственный редактор *О. Рубис*
Редактор *Т. Семенова*
Художественный редактор *В. Щербаков*
Технический редактор *Н. Носова*
Компьютерная верстка *Е. Попова*
Корректор *Н. Овсяникова*

ООО «Издательство «Эксмо»
127299, Москва, ул. Клары Цеткин, д. 18, корп. 5. Тел.: 411-68-86, 956-39-21.
Home page: www.eksmo.ru E-mail: info@eksmo.ru

*По вопросам размещения рекламы в книгах издательства «Эксмо»
обращаться в рекламный отдел. Тел. 411-68-74.*

Оптовая торговля книгами «Эксмо» и товарами «Эксмо-канц»:
ООО «ТД «Эксмо». 142700, Московская обл., Ленинский р-н, г. Видное,
Белокаменное ш., д.1. Тел./факс: (095) 378-84-74, 378-82-61, 745-89-16,
многоканальный тел. 411-50-74.
E-mail: reception@eksmo-sale.ru

Мелкооптовая торговля книгами «Эксмо» и товарами «Эксмо-канц»:
117192, Москва, Мичуринский пр-т, д. 12/1. Тел./факс: (095) 411-50-76.
127254, Москва, ул. Добролюбова, д. 2. Тел.: (095) 745-89-15, 780-58-34.
www.eksmo-kanc.ru e-mail: kanc@eksmo-sale.ru

*Полный ассортимент продукции издательства «Эксмо» в Москве
в сети магазинов «Новый книжный»:*
Центральный магазин — Москва, Сухаревская пл., 12
(м. «Сухаревская»,ТЦ «Садовая галерея»). Тел. 937-85-81.
Москва, ул. Ярцевская, 25 (м. «Молодежная», ТЦ «Трамплин»). Тел. 710-72-32.
Москва, ул. Декабристов, 12 (м. «Отрадное», ТЦ «Золотой Вавилон»). Тел. 745-85-94.
Москва, ул. Профсоюзная, 61 (м. «Калужская», ТЦ «Калужский»). Тел. 727-43-16.
Информация о других магазинах «Новый книжный» по тел. 780-58-81.

В Санкт-Петербурге в сети магазинов «Буквоед»:
«Книжный супермаркет» на Загородном, д. 35. Тел. (812) 312-67-34
и «Магазин на Невском», д. 13. Тел. (812) 310-22-44.

Полный ассортимент книг издательства «Эксмо»:
В Санкт-Петербурге: ООО СЗКО, пр-т Обуховской Обороны, д. 84Е.
Тел. отдела реализации (812) 265-44-80/81/82/83.
В Нижнем Новгороде: ООО ТД «Эксмо НН», ул. Маршала Воронова, д. 3.
Тел. (8312) 72-36-70.
В Казани: ООО «НКП Казань», ул. Фрезерная, д. 5. Тел. (8432) 70-40-45/46.
В Киеве: ООО ДЦ «Эксмо-Украина», ул. Луговая, д. 9.
Тел. (044) 531-42-54, факс 419-97-49; e-mail: sale@eksmo.com.ua

Подписано в печать с готовых монтажей 18.04.2005.
Формат 84×108 $^1/_{32}$. Гарнитура «Таймс». Печать офсетная.
Бум. офс. Усл. печ. л. 16,8+вкл.
Доп. тираж 5000 экз. Заказ 4871.

ОАО "Тверской полиграфический комбинат"
170024, г. Тверь, пр-т Ленина, 5. Телефон: (0822) 44-42-15
Интернет/Home page - www.tverpk.ru Электронная почта (E-mail) -sales@tverpk.ru

закрути роман с Дарьей Донцовой

ВПЕРВЫЕ!

с 15 апреля 2005 года!

"МОСКОВСКИЙ КОМСОМОЛЕЦ"

предлагает вам принять участие в проекте

"НАРОДНЫЙ ДЕТЕКТИВ"

ОТКРОЙ
в себе талант писателя

ПОЗНАКОМЬСЯ
с героями нового романа
Дарьи Донцовой в газетах
"Московский комсомолец",
"МК-Воскресенье"

ВЫБЕРИ
один из предложенных Дарьей Донцовой
вариантов продолжения романа

ПРЕДЛОЖИ
свой вариант развития сюжета

СТАНЬ
соавтором известной писательницы

ПОЛУЧИ
деньги, ценные призы, памятные
подарки за участие

ЧИТАЙ
новый роман в сентябре 2005 года.
Роман выпускает издательство "Эксмо"

НАПИШИ ЛУЧШИЙ ДЕТЕКТИВНЫЙ РОМАН ВЕКА!

Подробности в газетах "Московский комсомолец" (по пятницам),
"МК-Воскресенье", на сайте www.mk.ru

ЗАГАДКА ДЛЯ СЕРДЦА,
ИГРА ДЛЯ УМА...

ТАТЬЯНА
УСТИНОВА

NEW ДЕТЕКТИВ

В серийном оформлении
«ПЕРВАЯ СРЕДИ ЛУЧШИХ»

УСТИНОВА
ЗАКОН
ОБРАТНОГО ВОЛШЕБСТВА

Также в серии:
«Олигарх с Большой Медведицы»,
«Близкие люди», «Богиня прайм-тайма»,
«Запасной инстинкт», «Седьмое небо»

www.ustinova.ru

ИЗДАТЕЛЬСТВО «ЭКСМО» ПРЕДСТАВЛЯЕТ

Две
ЗВЕЗДЫ
российского
ДЕТЕКТИВА

Анна и Сергей
Литвиновы

ЛИХО ЗАКРУЧЕННЫЙ СЮЖЕТ

Новая серия!
Новое стильное оформление!
Новые истории, от которых
невозможно оторваться,
не дочитав до последней страницы!

Также в серии:
«Даже ведьмы умеют плакать»
«Все девушки любят бриллианты»
«Предпоследний герой»
«Пока ангелы спят»
«Проигравший получает все»